OHSAMA BUNKO

男が女に、女が男に聞きたい 50の質問

赤羽建美

はじめに――素敵なつきあいをするためには、この「賢さ」が必要です！

最近、ある人からこんなことを聞かされました。

わたしはいつも相手のことを考え、尽くしているのに、人間関係や恋愛がうまくいかない。自分が悪いのではなく相手側に問題があるからだと思っている、と。

僕は、おや？と思いました。たしかに自分のせいではないかもしれない。でも、こうも考えました。だからと言って、相手に対してすべての原因を押しつけるのはどうか、と。

人間関係で問題が生じるときは、どちらがよくて、どちらが悪いと一方的に言えないことが多いものです。とくに男女の関係はそうです。

「わたしは何も悪くなかったのに……」

たとえば、交際相手の男性にひどい仕打ちをされたときなどには、女性はこのせりふをよく使います。しかし、ちょっと冷静になってください。最初にその相手を好きになったのは、なぜだったのでしょうか。どんなプロセスがあったのでしょうか。先のケースで言えば、話を聞くと、明らかにその相手の容姿に強く惹《ひ》かれ、自分のほうから積極的に近づいていったようです。

だとしたら、「わたしは何も悪くない」とは言いきれないのではないでしょうか？ 相手の正体を見破れなかった側にも問題があります。

僕はこの本で、男性から女性へ、女性から男性への「50の質問」を通して、男とは、女とはどういう生き物なのか、あるいはお互いにどんなところが理解しにくいと思っているのか、なぜ誤解が生じるのか、もっと深く相手を知るためには……などについて説明していくつもりです。

上手につきあいたいならば、男も女もお互いの本音をよく知っておく必要があります。

「賢さ」は、二人の関係を素敵なものに変える力になるのです。

男性も女性も、素敵なつきあい方をすれば、もっともっと輝き、魅力的になれます。

僕にとってはそれが何よりも喜びなのです。

赤羽建美

男が女に、女が男に聞きたい50の質問◇目次

第1章 女がとまどう「男の行動」 男が理解できない「女の心の中」

第2章 ああ、男って生き物は、女って生き物は？
～男の価値観、女の価値観

第3章 相手の心がグッと動き始めるとき
～男の選択、女の選択

第4章 聞きたかった彼、彼女の「SEXのこと」

～男の性、女の性

第5章 「二人の距離」が近づくとき、離れるとき
～男の本音、女の本音

第1章

女がとまどう「男の行動」男が理解できない「女の心の中」

1 なぜ女は〝個人的なモノサシ〟だけで、ものごとを考えるのか？

僕が思う男女の違い。

それは、男性が他人を理解するのに「社会的な物差し」を使うのに対して、女性は「わたし個人という物差し」で他人を理解しようとする、というところです。

どういうことでしょうか。

男というのは必ず社会的な立場で自分と相手を比べます。

特に目下の人間であれば、

「あの人に逆らうと今後の仕事がやりにくくなるな」

「この人のプライドを傷つけないように注意しよう」

「○○さんのご厚意は、絶対無駄にしてはならない」

……会社での課長と平社員といった上下関係ばかりではなく、お互いに平社員同士でも先輩後輩の関係をとても重視します。

また、お店の人と客といった立場の違いももちろん気にします。そして、自分の立場をわきまえる。

しかし、これも行きすぎると相手との関係を気にしすぎて自分をなくす、つまり卑屈になる男もいます。そこまでいくと明らかにマイナスです。社会的な存在としての自分しかいないのは、ある意味とても不自然です。

しかし、人との関係を社会的な物差しで測るのは、男にとって当たり前のことです。男のものの考え方や行動に、そのことが深く関係しているのは間違いありません。

◇男と女は、考えるときの「モノサシ」が違う

一方、女性たちの他人との関係の持ち方には、社会的な意味がそれほど強くありません。もちろん表面的には社会的な意味を尊重しますが、内心では大して重視していないのです。

たとえば、親しそうに話している二人の女性を見たら、大半の男はその二人が友だち同士なのだと思うでしょう。ところが、後で一方の女性にそのことを聞くと、

では、なぜあんなに仲よく話せるのだろう?――女性の他人との関係の持ち方は、男の想像をはるかに越えていることがとても多いのです。

また、会社で女性同士が話すのを聞いていると、男の頭に「?」マークが浮かぶ場合があります。明らかに後輩の女性が先輩の女性に対して、

「この仕事、お願いしてもいい?」

などと、友だちに喋《しゃべ》るような口調で話しているからです。

男性は普通、そういうことはできません。

だから、驚いてしまうのです。

もちろん、全員がそうだというわけではありません。あくまでも大局的に見た女性の傾向です。また逆に、それが女性の強さの秘密なのかもしれません。

男性が社会的なのに対して、では、女性は何々的なのでしょうか?

個人的なのです。

ここで言う個人的とは、社会的な慣習よりもわたし自身を優先するという意味です。

「あの人はわたしよりも先に入社したのだから……」

「この人にも立場っていうものがあるのだろうから」

というのは、社会的な慣習をもとにした考え方です。

でも、女性にとって大切なのは、相手の立場ではなく、わたしにとってどうなのかです。

男たちはそんな女性を、あっけらかんとしている、と感じるでしょう。

もっと分かりやすく説明すると、男性は相手の人といるときに、自分と相手の関係をもう一人の自分が見ているのです。

そして、この二人はどういう関係なのかを判断してから相手に接します。それが社会的ということです。女性は誰かに対しているとき、わたしと相手という関係しか見ません。それが個人的ということです。

どちらも他人を理解したいと思っていますが、その方法に対する考え方が違う。目指す山頂は一緒だけど登るルートが異なる。そんな言い方ができるのではないでしょうか。

2 最初やさしかった男が、次第に冷たくなるのはなぜ？

つき合い始めた頃はあんなに優しかったのに……と女性は男性への不満をよく言います。そして男性側はそれに対してあまり反論しないようです。しても意味がないと思っているのかもしれません。僕もここで反論するつもりはありません。

ただ女性の誤解を解いておきたいとは思います。

女性は一方的に見て、冷たくなったと言っている。その点について分かりやすく説明するつもりです。

つき合い始めた当初、男性が優しいのは、優しくしてやろうと思ってそうしているわけではありません。こんな風に書くと読者の中にはショックを受ける人もいるでしょう。誤解しないでほしい。僕は男が女性に優しくしていないと言ってるのではない。優しいのは優しいのだけれど、それは女性に優しくするのだけが目的ではないと言いたいのです。

男は強がっていても、本音では自信がない生き物です。女性みたいにどんと構えたところがありません。もしそう見えるのなら、それはふりをしているからです。内心ではびくびくしているのが男なのです。もちろん、この言い方には多少誇張があるのは否定しません。でも、男性が女性に比べて意外と気が小さいのは事実です。

つき合い始めの男は、相手の女性に気に入られようと必死です。女性の機嫌を損ねまいとそればかり考えています。そうなると、デート中でもなかなか気が抜けません。どんなに細かいことでも、ミスをしないように注意しています。緊張の連続です。

とにかく嫌われたくない。その一点に男の気持ちは集中しています。

でも、そんな風に思っていることは、相手の女性には悟られないようにしています。どこまでも自分がリードしているように振る舞うのです。それでいて、心中は心配ばかり。

クルマを運転していても、目的地にいかに快適に着けるかどうか、そのことを気にかけながらハンドルを握っています。おそらく最初のデートのとき、男たちは運転した後ぐったりと疲れているはずです。そんな自分を見せないように注意を払っていますが。

こんな風につき合い始めの男たちの、女性への気使いははんぱなものではありません。だから、男が特に優しくしようと意識しなくたって、女性にとってはすべてが優しく感じられるのも当然です。

◇男の態度が変わる節目はここにある

さて、そんなだった男がなぜ変わってしまうのでしょう?

男の態度が変わる節目は、相手の女性が自分の彼女となった瞬間です。ほとんどの男はセックスの関係ができたときに、これで自分の彼女になったと思います。現実にはそうなっても彼女とはならない女性もいますが、男からしたらそう思うのが当然なのです。

そこで男の心配ごとは一気に吹っ飛んでしまいます。

嫌われないだろうかという心配がなくなるのです。

もう安心と、彼は思います。

緊張の糸がほぐれます。

そしてだんだん、女性に対しての気の使い方に手抜きが見えるようになります。男というのはやはり単純にできているなと、僕はこの文章を書いていて改めて気がつきました。そんな態度の豹変は女性からしたら見え見えなのに、男はそうしてしまう。単純としか言えません。

こうした事情から分かるのは、男としては優しかったのが優しくなくなったとは意識してないというのが事実です。彼は優しさという点では、自分は大して変化していないと思っています。冷たくなったつもりなど、まったくありません。

だとしたら、女性は男性に安心させなければいいのです。しかし、そうすれば、男はいつまでも優しくしてくれるか？　ここは難しいところです。そんなにいつまでも続く緊張には、男は我慢できなくなるかもしれないからです。

結局は、男はそういうものだと理解を示すしかありません。別に冷たくなったつもりは本人にはないのですから、女性の側もそこをあまり神経質に思わない方がいいでしょう。男性に求めすぎてもがっかりする、そう割り切るのがいいかもしれません。

3 女が好きでもない男の誘いに乗ることがあるのはなぜ?

人から嫌われたくない。そう思う人が多いのは事実ですが、僕から言わせるとそれは欲張りすぎです。

十人の人がいたら、十人全員に好かれなくてもいいのです。そのうちの半分に好かれれば十分でしょう。いや、実際には半分に達しなくてもいいのです。何人かに好かれればそれでいいと思います。

女性の八方美人的な行為が、男性の気持ちを弄《もてあそ》んでいる。そんな風に言われてもきっと何のことなのかピンとこないでしょう。

女性の皆さんに質問したいと思います。

こんな経験、なかったですか?

別に好きではない男性に食事に誘われたことが。しかも二人きりで。

あなたは即オーケーしました。

それが相手の男性の誤解を生むとは知らずに。

相手からよく思われたい。だから、断らなかった。そう言うでしょう。でも、相手の男性はそうは思いません。

男は単純です。

自分と二人きりの食事をオーケーした女性のことを、彼はこんな風に考えます。

「そうか、この女性は自分に気があるのかもしれない」

「そんなこと一言も言ってないわ。わたしがオーケーしたのは、食事をすることよ」

こういう弁解は男性には通じません。

食事をおごってくれると言ってるのだから断る理由はどこにもない。

これが女性の弁解です。

それもまた、相手の男性には通じません。

わたしはつき合いたいなんて言ってない。

言ってなくても、男性は勝手にそう解釈するものです。

確かに勝手かもしれませんが、オーケーするときに嬉しそうな笑顔を見せたはずです。男から見たら、その表情が食事をオーケーした以上の意味に取れるのです。

◇「大人の男女」になるためのルール

そんなの男の思い込みじゃない！

女性たちはそう言いたい。

しかし、食事というのが女性にとっては単なる食事かもしれませんが、男性にとっては二人が親密になるきっかけの意味なのです。

男には下心があります。それを知らないというのは、あまり自慢にはなりません。男の下心について無知なだけですから。

大体何もなくて女性を食事に誘う男性がいると思うこと自体間違っています。男が出す食事代は投資なのです。女性ともっと近づきたいから食事に誘ったのです。父親が娘を食事に誘うのとはわけが違います。

女性たちに言いたい。

興味のない男性に食事に誘われたら断りなさい。

それがマナーというものです。おいしいものだけ食べてバイバイしようとしているのなら、それはやめた方がいい。彼はボランティアであなたを誘ったのではないのだから。食事だけというあなたの虫のいい（ずうずうしい）考えは、相手に対して失礼です。

断り方はいろいろとあります。

とにかく都合が悪いと言う。それを何度か繰り返していれば、ごく普通の男性ならあっさりとあきらめます。僕などは最初に断られたらそれ以上誘いません。他の女性に乗り換えます。ずいぶんと現実的だと言われようとかまいません。無駄な時間を費やしたくないからです。喜んで誘いに応じてくれる女性を見つけた方がずっといい。その代わりすんなりオーケーしてくれた女性は、僕に好意を持っていると思います。それは僕が自惚《うぬぼ》れているからではなく、大人同士のルールだからです。

相手に興味もないのに食事という言葉につられてついていくのは、かなり子供じみています。「大人の男って少ないのよね」などと言っている暇があったら、自分が大人の女になってほしい。辛口かもしれないけれど、これは女性たちへの僕のお願いなのです。

4 男が女から絶対言われたくない一言とは?

自分のコンプレックスについて女性に言われるのが、男性は一番ショックなのです。女性は意外とずばりその点をついてきます。

もちろん、どの女性も皆そうだというわけではないけれど、男性が気にしていることを平気で口にする女性は多い。男同士ではそこに触れないようにするか、あるいは冗談めかして言います。だから、言われた方も傷つかない。ところが、女性には、その冗談がありません。ストレートに指摘します。その結果、男は立ち直れなくなります。

僕自身、会社に勤めていたときに、ある女性にこう言われました。

「赤羽さんは、チームワークが苦手だから」

まさにその通りだったのですが、あまりにもはっきりそう言われると、決していい気分はしません。言った本人には悪気がないだけに、こちらとしてはとても困ります。まさか、怒るわけにもいかず、適当にうなずいてその場をなんとかごまかしましたが。

そのとき僕は、女性というのは本当に痛いところをついてくるものだと、実感しました。

どうして男のコンプレックスが強いかというと、それは男たちが競争社会に生き、その結果、競争意識が強くなるからです。女性たちの中にも仕事の上で同性にライバル意識を持っている人がいます。でも、それは全体から見たらまだ少数派です。特に会社で働いている女性は、いやになったら辞めればいいと、とことん同性と競争しようとは思いません。また、男にはもともと闘争本能があります。最近の若い男は弱くなったと言われていますが、でも闘争本能がなくなったわけではありません。それをむき出しにする男が少なくなっただけです。外見的には確かに弱そうに見えますが、闘争本能自体はそんなに簡単になくなりません。

男は女に比べて社会的な生き物である。そうした状況はこれからも変わらないでしょう。変わらないということは、男たちの闘争本能もなくならないのです。それがあるからこそ、コンプレックスを持ちやすいし感じやすいのです。他の男と比べては、あの部分は自分が負けているけどこの部分は自分が勝っている、いつもそんな風に考えるのが男なのです。

◇男は、女性が思っているよりずっと繊細

男性は女性からどんなときに何を言われてがっくりくるのか、そのポイントを以下に書き出してみましょう。

①気にしている肉体的な部分を言われるとき。背が低いとか太っているとか目が細いとか。女性はそういうことには絶対に触れないようにしましょう。

②自分が熱中しているものごとをけなされるとき。仕事でも趣味でも同じです。「あなたには、それは向いていない」などの言葉で、あまりにも冷静に判断されると悲しくなります。

③他の男と稼ぎを比べられるとき。収入のことを男は結構気にしています。

④性格上の欠点を指摘されたとき。性格なのでそう簡単には直せないし、そのことは本人が一番よく知っています。それなのに、女性から言われるのだから怒りたくもなります。

⑤健康上のことをストレートに言われるとき。「顔色が悪い」などと言われると、とても嫌な気分になります。でも、「疲れてるみたい。おいしいものでも食べにいこう」と、プラスの方向で言われると嬉しくなります。男は心のどこかで強くありたいと願っているので、顔色が悪いのは弱さにつながるのです。
⑥男友だちのことを悪く言われたとき。男同士の友だち関係は、女性のそれよりもずっと強いのです。だから、友だちのことを悪く言われるのは、自分が悪く言われているのと変わらないのです。
⑦セックスが下手だと言われたとき。これはどんな男でもこたえるでしょう。もし、本当に下手なら女性の側がリードして教えるぐらいでないと、二人の関係はきっとうまくいきません。また、上手いとほめるのもおかしい。女性がいかに経験豊富かを言っているようなものだから。

など、まだ他にもあるでしょうが、気がついたものだけをあげてみました。男って見かけによらず繊細なんだと女性たちには分かってもらいたい。何の気なしに言った一言が取り返しのつかない事態になる場合もあるのですから。

5　女がすぐに〝感情的〟になるのはなぜ？

女の涙ほど男を困らせるものはありません。

たとえば仕事場で女性に泣かれたら、男性はどうしたらいいのか分からなくなるからです。

だってそれは仕事上のことなんだから、泣かれても困る。男性はそう思います。言葉で説明できることは言葉で説明してほしい。そう言いたいのです。女性は言葉で言えることも涙で表現します。そこのところが男性には理解できません。仕事には個人的感情を持ち込まないでほしい。これが男の本音です。

僕が雑誌の編集長をしていた頃、ある女性編集者が外出から戻ってきて、急に泣き出したのです。事情を聞いてみると、イラストレーターに仕事の依頼にいったのに、断られたのが口惜しくて彼女は泣いたのです。

口惜しいのは分かりますが、泣くことはないと僕は思いました。彼女はかなり感情的になっていました。仕事は仕事と割り切れなかったのでしょう。そのイラストレーターの絵が彼女は好きだった。それなのに仕事を断られたので、感情的になってしまった。個人の好き嫌いが仕事に入っています。男だったらそれははっきり区別するでしょう。

もちろん女性の中にもちゃんと区別できる人もいれば、男性の中にもきちんと区別できない人もいる。だから僕は、その区別ができなかったのは彼女が女性だからだと言うつもりはありません。でも、泣いたのは女性だからだと思います。

男なら泣きません。

男だからではなく仕事上でそこまで感情的になるのはまずいと思っているからです。「できないと言っているのだから、しかたないか」と、男はあきらめます。きっといろんな事情があるのだろうと、相手のことも一応は考えます。

もちろん心の中には、断られたことに対しての怒りもありますが、それを言っても何も始まらない。そのことはさっさと忘れて次のイラストレーターを探します。個人的な感情は仕事の邪魔にしかならない。そう分かっているからです。

◇女性が泣くのに「理由」は要らない⁉

仕事の場面だけでなく、その他あらゆる場面でも、女性はすぐに泣きます。何の前触れもなく泣き出します。説明がないのです。ですから、男性はあわててしまう。言葉には言葉で応じられますが、涙には何で応じたらいいのか分かりません。ですから、女の涙は場合によっては強力な武器となります。別れを切り出した男にとっては、女性の涙はとてもやっかいです。

さて、女性はどうして泣くのでしょうか？　そこには理屈はありません。とにかく涙が出てきてしまう。そうとしか言えない。

それが女性の本音だと思います。

言葉で説明しようとするのだけれど、その前に涙が出てしまう、というのが女性の答えかもしれません。

男としては、

「なるべく言葉で説明してほしい。どうしてもというときだけ涙にしてくれないかな」

としか言えません。

ついでに男の涙についても少し触れておきましょう。

男の涙は女のそれとほんの少し違います。本来なら言葉で説明すべきなのですが、どうしてもそうできないときに泣きます。言葉では表しきれない、嬉しさ、悲しさ、口惜しさ。それを男は泣くことで表現します。女性とその点では似ているようですが、男性はぎりぎりまで泣きません。女性はぎりぎりの少し前で泣き出します。そこのところが男の涙と女のそれの違いだと思います。

泣き出すのが女性に比べて遅いのは、男はやたらに泣くものではないと、子供の頃から教えられているからです。男が泣くのは恥ずかしい、みっともないと教えられたのです。そして、実際にもなるべく泣かないようにしています。我慢しているのです。

最近はその我慢ができなくなった男たちもいるようです。僕たちの世代よりもずっと若い世代の男たちは、僕たちよりも泣くようになった。それをみっともないと周囲が言わなくなったからかもしれません。男はこうでなくてはと頑張らなくていいのは、僕のような世代の男からはうらやましい限りです。

6 男は女が言ったことをどうしてよく忘れるのか?

男性は人(この場合は、話し相手の女性)の言ったことをどうして忘れるのかと、ある女性に言われて僕はそうなんだと気づきました。僕自身そんな風に意識してなかったのです。言われてみて初めて、そうかもしれないと思いました。女性というのは反対に人の言ったことをよく覚えているとも、彼女は指摘しました。意識していなかっただけに、この問題は僕にはとてもむずかしい。女性にどう説明していいのやら、かなり頭を悩ませました。

女性と話しているとき、男性は相手の話を聞いていないわけではありません。ちゃんと聞いています。もちろん、女性の言うことがくだらないなんて、少しも思ってはいません。つまり、悪気などまったくないのです。また、特に物覚えが悪いわけではありません。それなのにあまり覚えていないのはなぜなのか? またまた僕の頭が混乱してきました。

じっくりと考えてみた結果、ほんの少しだけど思い当たることがありました。たとえば女性が数週間後に封切られる話題の映画を観にいこうと言ったとします。男性はそのとき「うん」と言うのですが、頭では別のことを考えています。男性が社会人ならもちろん仕事のことです。学生なら進路のことやサークルのことや男友だちのこと。デートしている最中にどうしてそんなことを考えるのか？　女性なら誰もが持つ疑問です。

でも、男には男の事情があります。

男は切り替えが下手なのです。女性は反対に切り替え上手。会社が終わったら何かのお稽古ごとに行ったりします。仕事とプライベートの切り替えがとても素早い。男性はそうはいきません。アフターファイブにも仕事を引きずっています。会社を出てもまだ仕事のことが頭から離れません。それはオフの日に女性と会っていても同じです。だからって、その男性が特に仕事熱心なわけではありません。仕事とデートの切り替えが上手くできないだけです。ですから女性に「うん」と言っておきながら、一週間後に会ったら、その約束をすっかり忘れていたりします。

その結果、女性に、

「この前、○○を観にいこうと約束したじゃないの」と、詰め寄られるのです。

さらには、

「もう忘れたの?」

と、追及されます。男としてはなんだか歯切れの悪い返事しかできません。

「いや、その、忘れてはないけど、えーと……」

言われれば思い出すのですが、これでは、男の方が分が悪いのは確かです。

◇男は女より、仕事とプライベートを分けるのが下手

男性というのは女性に比べて、意外と不器用ではないのでしょうか。

切り替えがすんなりできないというのは、優柔不断なところもあるからです。仕事のことが頭から離れない一番の理由は、何かに迷っているからです。仕事のやり方についていて、ああした方がいいのかこうした方がいいのか、結論が出ないままに何日も経ってしまう。そして、それが休日にまで持ち越される。女性からしたら、「そんなことさっさとかたづけてしまえばいいのに」と言いたいところでしょうが、男性は躊躇《ちゅうちょ》

するのです。

また、同時に二つのことを処理する能力も、男性は女性に比べて劣っている気がします。だから男は女に比べて頭が悪い、というのではありません。頭の中の構造の違いだと僕は思います。

女性だったら他のことを考えつつ、男性と話したこともちゃんと覚えられる。男性はそこのところがどうも不器用です。映画の約束よりも仕事上の問題の方が記憶に残ってしまう。でも、相手の女性が嫌いなわけではありません。恋人として愛しているつもりなのですが、頭の方がそれについていかないのです。

こうした点については、女性に理解してもらうしか解決策がありません。男性に、はっきりした約束をさせたいのなら、彼のダイアリーにあなたが約束内容と日時を書き込むぐらいしないと駄目かもしれません。男というのは本当に世話の焼けるものですが、そんな世話が焼けるのもまた女だけが持つ特権（そんな特権いらないと怒らないでください。これは冗談なのですから）と言えるのではないでしょうか。

7 女はどうして〝思わせぶりな態度〟を見せるのか?

女の思わせぶりな態度には、男は惑わされます。

他の項目で書いた食事の誘いに云々もそうですが、女性というのは男性に対してかなり罪つくりなことをしています。しかも、それを無意識のうちにするのですから、男としてはたまったものではありません。

大人の女になりきれていない女性の困った態度の一つに、ファン心理というのがあります。ファンというのはもともと相手が芸能人だったりスポーツ選手だったりする場合の話です。ところが、それを普通一般の男性に対してするものだから、男は面食らってしまう。中学生の女子が特定の男子のファンになるというのなら、まだ可愛げがあるのだけれど、それをいい年をした大人の女性がやるとみっともない。

自分のファンである相手の女性を、男はどう思うのでしょうか? それはもう決まっています。この女性は自分に興味があるなと思います。当然ですよね。そして、その興味は、異性に対する興味だと自然に解釈します。その女性が自分のファンなのだという意識は、普通一般の男性にはまったくありません。

だけど、女性はそうではない。わたしはあの人のファンなんだからと、思い込んでいます。あの人はあこがれの男性。そう思います。このあこがれというのが、男にはよく分かりません。あこがれと言った場合には、異性を好きになるという意識がゼロなのです。僕自身そう知ったのは、苦い経験をした後のことです。

僕がまだ若い頃の話です。

会社に僕のファンの女性がいました。もちろん本人からそう言われたのでもなく、後からそう分かったのですが。その当時は彼女は僕に好意を持っていると思っていました。そして、この好意というのは男の解釈では恋愛感情とほとんどイコールなのです。

そして、僕は彼女を映画に誘いました。恋愛映画です。カップルで観にいくにはぴったりの内容です。

そして、映画が始まりました。なんとも刺激的なラブシーン。

僕はすかさず隣の彼女の手を握りました。すると、彼女はあわてて手を引っ込めたのです。映画を見終わった後、僕たちは気まずい思いで喫茶店に入り映画の話をしました。

たったこれだけの体験ですが、なんのことはない彼女は僕の単なるファンにすぎなかったのです。彼女の中では僕への好意は、恋愛感情とはいっさい関係なかったわけです。

◇好意＝恋愛感情ではない、女心の不思議

彼女は恋愛経験が乏《とぼ》しかった。それは間違いありません。男慣れしていないのは、本人の態度や雰囲気を見ればすぐに分かります。彼女は異性への好意と恋愛感情をはっきり分けていたのです。でも、その違いは男からは非常に識別しにくいものです。好意と恋愛感情を分けようとするのは、彼女の恋愛経験が少ないからです。異性への好意はイコール恋愛感情、これが男の場合です。とてもシンプルです。

だとしたら、彼女は僕にどうすればよかったのか？

食事のケースと同じで、映画の誘いなど断ればよかったのです。なまじオーケーな

どしたものだから、僕の男としてのやる気に火がついてしまった。映画を女性と一緒に観にいくのは、男性にとってはデートの意味を持つのです。彼女はそれすら分からない女性でした。僕は独り相撲をとったようなものでした。食事の場合同様ここでも大人同士のルールが通用しなかったのです。異性への好意＝恋愛感情とならない女性は、男性と二人きりでの行動をとらない方がいいでしょう。どうしてかというと、男が誤解するからです。誤解した男は結局傷つきます。

いつまでも大人の女になれないのには、それなりの理由があるのでしょう。そういう女性は現実感覚がきわめて希薄です。

また、男性を深く知ろうとする意欲に欠けています。はっきり言ってしまうと、男に興味がないのです。あれば、いつまでも中学生の女子みたいなファン心理だけで満足してはいられません。

もっとずばり言うと、そういう女性は男性がこわいのです。そして、自分を必死にガードしています。男の前で裸の自分を見せるのがこわいのです。もちろん裸には、裸の体と裸の心という二つの意味があります。ファン心理は裸になれない自分への言い訳なのではないでしょうか？

8 男が思う男らしさ、女が思う男らしさとは？

男らしさとは？

男性が考える男らしさと、女性が考える男らしさは違います。

男性も女性もその違いを知っておくといいでしょう。

そうすれば相手を誤解することが少なくなると思うから。

男性が考える男らしさは、単純に言うと肉体的な強さです。力が強い。あまりに単純すぎますが、実は男たちはそのことを大変気にしています。男性は男らしさという言葉を聞くと、女性にはないものを思い浮かべます。その代表的なものが力です。無関心を装っているインテリも心の中では、力のない自分にコンプレックスを感じています。それが表に出たものが格闘技や体を鍛えている男をバカにする態度なのです。

昔ながらの男らしさは、現代でも生きています。アクション映画がなくならないのはその証拠です。ここでもまた知的な自分を演じる男たちはアクション映画をくだらないと言いますが、彼らは心の奥底にある自分のコンプレックスに気づいています。

肉体を鍛える男の頭は空っぽだという誤った考えを、女性たちに持ってもらいたくないと僕は思います。肉体を鍛えなくても頭の空っぽな男はいっぱいいます。むしろ、口先だけの男よりは力がちゃんとある男の方がいい。あなたが引っ越しするとき、どちらの男が頼りになるかは、言うまでもありません。

少なくとも全体の七割いや八割の男性は、男は女よりも力があるべきと思っているのですが、中にはそうでない男性たちもいます。もともと筋肉のつき方が違うのだから、男の方が女よりも力があって当然。そう言いたいところですが、アスリートの女性たちよりもやせていて筋肉のない男性もいるので、男の方が力があるとは必ずしも言えないのです。中にはなよなよした男が好きだという女性もいます。その傾向が一部の男たちを軟弱化しているように思えてなりません。

男は女よりも力があって当然と彼らも頭では分かっているのですが、実際に力をつける努力はしません。

男らしさとは単純なもので、その単純さの正体は力である。女性にもそのことを理解してほしいと願います。

◇どうしてこんなにずれるの？

さて、女性が思う男らしさとはどういうものでしょうか？

女性は一体どこに男らしさを求めているのか？

もちろん、男性の力に男らしさを感じる女性もいます。でも、それは少数派です。欧米の女性たちみたいに、鍛えられた男のたくましい体を魅力的だと言う日本人女性はまだ少ないのです。音楽などに代表される欧米へのあこがれが、男の体についてはは当てはまらないのが不思議ですが、それは日本人女性が恥ずかしがり屋だからなのでしょうか。あるいは、男の体について語ると他の女性たちから変な目で見られると、遠慮しているのかもしれません。

では、力やたくましい体に代わるものは何でしょうか？

それは、頭の構造です。ものごとを理論的に考えられる男性。そこに男らしさを感じています。その理論的なところが仕事の面に出ると、女性たちはいっそうその男性を男らしいと感じます。てきぱきと仕事をかたづけていく。リーダー的に会議を取り仕切る。あるいは上司を説得することも男らしさの一つになります。つまり、自分にできない理路整然とした話し方を男性がすれば、それが男らしさとなるのです。女性の無意味なお喋《しゃべ》りとは違う、男性たちの理論的な会話。それが男らしさの象徴なのです。もちろんこのことに気づいていない女性もいます。本人のことは本人よりも周りの人間の方がよく分かるという実例です。

そして、男の理論が小難しい理屈や能書きになってしまうと、女性たちは態度を変えます。反対にその男性を軽蔑します。あくまでも男の武器としての理論的な思考、それを女性たちは男らしさとして受け取るのです。

男性たちはそこに気づきません。なぜなら、理論的な思考や話し方を彼らは自然にしているからです。それが当たり前になっています。だから、改めてそれを意識することはありません。ましてや、それが男らしさを表すものだとも思いません。

男らしさについての男と女の考え方のずれをどう思いましたか？

僕は現実について語っただけです。どちらが本当の男らしさなのかと決めることはしません。どちらも男らしさだからです。頭と肉体の両方のバランスが取れているのが、男らしい男だと僕は思うのですがどうでしょうか？

9 どうして女心は〝複雑〟になるのか？

女心は複雑です。どうせつき合うのなら、他の女性からも注目されるようないい男とつき合いたい。しかし、そういう男は他の女性からも人気がある。その男が真面目だったらいいのだけど、女好きだったら他の女性たちにも手を出す。すると、その男の彼女であるはずの自分の立場が危なくなる。

もてる男とつき合っている女性はいつも心配していなければならない。「わたしだけを見てほしい」と言っても、実際にはそうはいかない。にもかかわらず、もてる男を彼にしたいと思う女心、複雑ですよね。

この場合のもてる男とはどんなタイプなのか？

ずばり言って外見がかっこいい男です。

女性たちはあくまでもビジュアルにこだわるのです。そうじゃない女性もいますが、大多数の女性は男の外見を気にします。別に美形でなくてもいいと言う女性だって、実は男の外見を気にしています。僕が雑誌の編集長をしていた頃、忘年会のパーティーがあり、かなりの人数が集まりました。一次会からして二次会と変わらない、くだけたものだったので、特に二次会というのはありませんでした。それでも、たまたまある広告代理店の男性が女性たちを二軒目の店に誘ったのですが、誰一人として彼についていこうという人はいなかったのです。その男性はとてもいい性格の人だったのですが、一つ難点がありました。若禿《は》げだったのです。口では「禿げていたって関係ない」などと女性は言いますが、実際の場面になると明らかに敬遠するのです。それを見ていた僕は彼と一緒に彼の馴染《なじ》みの店に行きました。これが現実です。

外見だけで男を選ぶと、とんでもない目に遭うことがあります。

そこには落とし穴が待ちかまえているからです。

女性の皆さんを脅《おど》かそうとしてオーバーに言ってるのではありません。

また、僕自身が美形ではないのでひがんでいるのでもありません。

もてる男のウィークポイントを女性の皆さんに教えたいという親心（親切心のこと）から、皆さんに説明したいと思ったのです。

◇「もてる男がいい」と言っておきながら……

ずっともててきた男というのは、性格上問題がある場合が多い。黙っていてももてるのですから、女性を甘く見るのです。「女なんて……」と見下すところがあります。反対にもてる男は、女性がデートしてくれたら感謝します。僕のようにそうでない男は、女性がデートに応じるのは当然だと思うのです。

もてる男は女性にもてる努力をする必要がありません。何しろ女性の方から近づいてくるのだから、彼はただ待っているだけでいいのです。彼にとっては女性はカモ（利用しやすい相手）です。

もてる男は恋愛関係において自分が主役だと思っています。それはもちろん、とんでもない勘違いなのですが、誰も彼に間違っていると指摘できる人はいません。そして、男が主役なら女は当然脇役ということになります。本来の恋愛関係ではどちらが主役でどちらが脇役という区別はありません。どちらも主役です。それなのに脇役でいいと思う女性がいるのが、僕には信じられませんが。

女性があれこれとやってくれるから、もてる男は仕事に対しても意欲的ではなくなります。ヒモではないけれどそれに近いところがあるのです。ちゃんと働いてはいるが、仕事に熱心ではなくいつも女性のことを考えている。もてる男は自分の彼女一人では我慢できずに、浮気する確率が高いのは皆さんもご承知の通りです。彼女以外の女性にもまめに手を出します。もてる男はもてるがゆえに女性に甘えてしまう。彼女もきっと浮気を許してくれるだろう。浮気相手の女性は彼女になりたいとは言わないだろう。どちらも彼の思った通りにはいかない場合もあります。その結果トラブルが生じてしまうのです。もちろんもてる男が皆こうだと言うのではありません。あくまでも極端なケースを例に出して、女性の皆さんに注意してほしいと訴えたいのです。

それでもやっぱりもてる男が好きなら、他の女性が彼に近づいてくるのを承知でつき合うことです。彼が「わたしだけを見る」のは不可能なのですから。そして、他の女たちに負けないように自分を磨きましょう。「やっぱりお前が一番」と男に言わせるだけの魅力を持つこと。結局、それしかありません。賢い女性になることです。もてる男の弱点を補う女になる。あなたがいないと駄目だと、彼に思わせるくらいになれば大成功です。

第2章

ああ、男って生き物は、女って生き物は？

～男の価値観、女の価値観

10 男を不機嫌にさせる"話題"って何？

男同士の関係というのは女性のそれよりも複雑です。

親友同士のつながりは、女性のそれよりも何倍も強い。

でも、そうでない男たちの関係は微妙なのです。

男は皆ライバル。

そんな関係と言ってもいいでしょう。

親友を除けばライバル。

この場合のライバルというのは、本来の意味からはだいぶずれています。同じ職業での競争相手という意味ではありません。

もっと漠然としたライバルなのです。

そこのところが、女性たちには分かりにくいのです。

同じ目標に対してのライバル関係なら分かるけど、特にそうしたものはないのにライバル。女性たちの頭の中には「？」マークが飛び交っていることでしょう。

男は他の男に負けたくない。そう無意識のうちに思っています。無意識のうちにだから、それに気づかない男もいます。また、あえてそう意識しないようにしている男もいます。それぞれの男の考え方なので、どれが正しくどれが間違っているということはありません。

女性に比べて男性の方が競争心が強い。そうとも言えるでしょう。そんなのくだらないという考えもあります。そういうのがやがて戦争に発展するのだと言う人もいます。僕個人はどうでもいいと思っているつもりですが、それが正直な考えなのか分かりません。まったく競争心がないと言えば嘘になるからです。どうでもいいと思っているはずの僕でさえそうなのだから、競争心むき出しの男だったら自分以外の男たちは全部敵に見えるはずです。女性にはこうした部分が少ないと思います。

◇男には、捨てがたいプライドがある

今述べたような点について女性に少しでも触れられると、男はとても不愉快な気分

になります。

一番いやなのは、他の男と比べられることです。

ですから、女性がそれを口にするのは禁物です。

ライバル心のない男でも、他の男と比べられたら、いやな気分になります。

どうしてかというと、どんな男の心の中にも、自分は一国一城の主だという自負があるからです。

古くさいと女性の読者は笑うかもしれません。

しかし、逆にそうではない男は、女性からしても駄目な男なのです。

それぐらいの気持ちがなければ、家族を守ることはできません。それは昔も今も同じです。

古くさいだけの意味ではありません。女性だってだらしのない、あるいは頼りにならない男性をいいとは思わないはずです。自分が主だと思うくらいの男だからこそ、女性から見たら素敵な存在なのです。

男はこう考えます。

自分はこの家の主なのだ。だから他の男と比べられるのはおかしい。自分は自分、他の男は他の男。それを比較することは間違っている。

もちろん、男の皆が主だなんて考えていないのは、僕だって承知しています。そう思っていない（主意識のない）男だって、自分では気がつかないだけで、他の男と比べられたらたまらないと思っている。そのことを僕は言いたかっただけです。

他の男に比べられたら、どこか劣っている点が必ずあります。また、他の男に比べて優れている点もあります。それなのに、劣っている点だけを問題にされるのはかなわないと、男は思います。女性の中には男性の悪いところだけを言う人もいます。いいところには何も触れないで。それが男には不愉快なのです。

権力の嫌いな男性に、女性が、「誰々さんはすごい権力の持ち主よ」などと言ったら、権力嫌いの男性は気分が悪くなります。権力云々を比べられたら、自分には勝ち目がないし、また権力を持とうとはしていないのだから比べること自体おかしい、彼はそう言いたくなります。女性というのは、不用意にそういう言葉を言ってしまう。それは、男が自分の彼女に「お前よりあの女の方が美人だ」と言うようなものです。そんなことをわざわざ言う男は実際にはいないのですが。

11 女性はなぜ〝記念日〟を大事にするのか？

交際中のカップルにとっての記念日には、いろんなものがあります。一般的によく言われるのは、クリスマスとか、バレンタインデー（この場合は女性からの一方的なものですが）とか、お互いの誕生日とかですが、二人が最初に出会った日を記念日とする場合もあります。記念日をつくろうと思えば、極端な話、いくらでもつくれそうです。

そして、男性はなぜかこの記念日というやつを忘れてしまうことが多い。記憶力が女性に比べて劣っているわけではありません。何と言っていいのか、いつの間にか忘れてしまうのです。

男たちの代表的な意見ではないかもしれませんが、僕などは、二人が現につき合っている事実があるのなら、それでいいじゃないかと思ってしまう。結婚してからもそうで、結婚記念日を忘れてしまうのは男の方が多い。もう結婚してるのだから、記念日にどんな意味があるのか理解できない。記念日よりも今の方が大切なのではないか。これも僕自身の考えなのですが、他の男たちもきっとそう思うに違いありません。

記念日の意味。それを女性がどう考えているのかが、男性たちには分かりにくいのです。記念の日なんだからそれ以上の意味はないと、女性たちは言うでしょうが、だからどうなんだと反論したくなる。記念というよりも思い出と言ってもらった方が、僕たち男には理解しやすい。と書いてみて、じゃあ誕生日は思い出なのかという疑問にぶちあたってしまいました。誕生日を思い出というのはかなり無理があります。だからやっぱり記念日としか言いようがないのでしょう。

自分の誕生日は忘れないが、人の誕生日は忘れてしまう。これも決して不自然ではないと思うのですが、自分の彼女の誕生日を忘れて彼女から怒られた男性もいるでしょう。そんなことで愛情が足りないと言われても、男にはそんなつもりはまったくないのです。愛情があっても忘れてしまう。ここのところが、女性たちには理解できないようです。記念日を忘れたからといって、男に悪気があるわけではない。そう知ってほしいと僕は希望します。

男からしたら、女性たちの要求は多すぎます。男の頭の中には二人のこと以外の事柄がいっぱいつまっている。だから、記念日全部を覚えていてほしいと言われても、実際にはなかなかむずかしいのです。

◇記念日は女性がリードしたほうがいい

男性に記念日を覚えさせるよりももっと有効な方法は、女性が率先して記念日プロデューサーになることだと思います。忘れていることをなじるよりも、記念日の一週間ほど前から、イベントの告知を彼にしたらいい。忘れていたかどうかには、あまりこだわらない方がいい。それよりも、記念日には何かイベントがあるらしいぞと、男の頭にインプットすることを第一に考えましょう。

女性による男性への記念日教育。そう思えばいい。

いつもなら、デートに関してもリードするのが男性と決まっているけれど、記念日だけは違います。女性がリードします。

「自分の誕生日の企画を自分で考えるなんて……」

そんな風に言わずに、自分のだろうと彼のだろうと、計画をどんどん進めましょう。

記念日にふさわしいデート・コース。

記念日のハイライトはどこで過ごすのか？

彼を驚かすにはどうしたらいいのか？

など、あなたはアイディアをいろいろと考えます。

男性も記念日を忘れるうしろめたさから、女性がリードするのに文句をつけたりはしません。そこのところはちゃんと考えています。

一週間も前からいろいろと告知しておけば、彼だってあなたへの誕生日プレゼントを忘れることはありません。こちらから要求してるみたいでどうも……と思う必要はありません。まさにその通りで要求しているのです。彼が忘れるよりも要求してでもいいから、忘れない方がいいに決まっています。

女性はとにかく二人の間での記念日係なのです。

そんな風に割り切った方がいいでしょう。

男性に何かを求めるよりも、自分に期待しましょう。記念日の素晴らしいアイディアを考えつくのは、このわたししかいない。そう自分に期待するのです。

12 男が女に〝うんちく〟を語りたがる理由は?

うんちくといった場合、本来の意味は知識（それも深い知識）を指します。そして多くの男性は、女性に自分の知識を話したがります。でも、男性が女性に語りたがるのは、うんちくだけではありません。彼のものの考え方や理屈や理論を話したがります。ですから、ここでは、うんちくを広い意味にとらえて、男の理屈も含めてそう呼びたいと思います。

男性は女性に比べて、理屈っぽいのでしょうか?

あるいは、議論好きなのでしょうか?

それも当たっています。

そして、女性が目を輝かせて、自分の言ってることを聞いてくれると、男性はとても喜びます。子供が自分で発見した宝物について親に話すときのように。こういうところにも、男の子供っぽさが認められますが、それは決して悪いことではありません。

最近は女性も仕事に進出するようになったので、女性たちの中にも議論好きの人が現れるようになりました。中には男性を言いくるめてしまうような、理路整然とした話し方をする人もいます。感覚的にものを言うのが女性。そう言われてきたのが、ここにきて覆《くつがえ》されました。女性の中にだって理論家がいるのです。

話を男性に戻すと、うんちくを語る男は皆、自分はここまで知っているのだと、得意げです。人の知らないことまで知っているのが自慢なのです。ですから、自分よりもさらによく知っている人がいると、男はなんだか負けたような気分になります。そういうところにも、男に特有の子供っぽさが見られます。

◇ただ自慢したいだけではない、もっと他の理由

じゃあ、男がうんちくを語る理由は自慢したいから？

それもないとは言えませんが、もっと根本的な理由があります。自慢したいとか得意になりたいとかよりももっと大事な理由です。

女性は自分を男性に印象づけるために、どうしますか？

一番簡単なのは、外見で印象を相手に植えつけることです。ヘアスタイル、メイク、ファッション……それらによって、自分自身の印象を人に与えようとします。

男はどうでしょうか?

普通の男はメイクしません。ヘアスタイルも限られています。短いか長いか、染めているか染めていないか、その程度の違いです。服装だって、社会人ともなると、スーツ姿が一般的です。ミュージシャンなどのステージ衣装は、決して一般的とは言えません。だから、変化といっても、せいぜいスーツがラフなジャケットになるぐらいです。

こうしてみると、男性は女性に比較して、自分を印象づける手段が限られる、というよりもほとんどありません。まさか、会社に真っ赤なスーツを着ていくわけにはいきません。また、普段でもそんな恰好《かっこう》はしません。女性にならそれが許されますが、男性がやったら笑われてしまうでしょう。

そこで、外見ではない方法で、自分を女性に印象づける方法を考え出したのです。外見が駄目なら内面的なもので、つまり形にはならないもので、自分を印象づけようとしたのです。それが、うんちくです。

自分はある分野に関して詳しい。その分野は仕事でも趣味でも何でもかまいません。そして、その分野について知っていること（知識）を女性に話せばいい。そうすれば、自分という男がどんな人間か印象を与えることができる、というわけです。また、自分なりの理論を女性に話す場合もあります。

若い男性はどちらかというと、知識に片寄った内容を話したがります。経験が足りなくても知識なら話せるからです。若くない男性は、経験から生み出された、自分なりの理論や理屈を話したがります。当然ですが、年を取らないとそうしたものは生まれてきません。

男がうんちくを語り出したら、女性はとにかく聞き役に徹しましょう。ある分野について女性よりもよく知っているのは事実なわけですから、そのことを素直に認めてあげてください。自分があまり興味のない分野の話でも、男性が熱心に語ろうとしているのですから、耳を傾けるのは最低限のマナーです。そんな男性を可愛いと思えるぐらいになれたら、一人前の大人の女です。

13 女性から〝尊敬〟されるのはどんな男？

テレビでアメリカの女性ミュージシャンが自分の彼について語っているのを見ていたら、「リスペクト」という言葉が出てきました。他のアメリカ人女性がそう言うのも僕は何回か見ました。

リスペクトとは尊敬のことです。彼女たちは彼を尊敬すると言っているのです。日本などよりもずっと女性の立場が強い国の彼女たちがそんな風に言うのに、僕はとても興味を持ちました。

女性優位だからこそそんな風に言うのではないのか。僕はそう思いました。つまり男性を見る目がそれだけ厳しいのです。かっこいいとか優しいとかだけではなく、尊敬できる相手でないとつき合わない。そうも言えるのではないでしょうか。自分自身をちゃんと主張する彼女たちとしては当然かもしれないけれど、男としてはそれだけ頑張らなければならないので、アメリカの男性たちは日本の男性に比べて大変だと思いました。

尊敬できる中身については具体的に言ってはいなかったのですが、大体察しがつきます。第一は仕事面でしょう。これは日本もアメリカも変わりありません。人生の時間の大半を占める仕事をおろそかにする男は、どう考えても尊敬の対象にはなりません。尊敬全体を十としたら、仕事に関してがおそらく半分以上六から七ぐらいの割合だと思います。アメリカ人はマイホーム主義だというのは間違いで、仕事とプライベートをきっちり分けているだけです。残りの三から四がプライベートな部分です。家族への愛情、人への思いやりと親切、教養、社交心などがそれです。

仕事もプライベートも全部ひっくるめると人間性ということになります。仕事に熱心なのも人間性の一つの側面です。仕事の取り組み方が真剣なのは真面目で誠実と判断されます。尊敬できるとはつまりその人の人間性が尊敬できるという意味です。

怠け者だったり、暴力的だったり、幼稚だったり、自主性がなかったり、前向きでなかったりする男は、人間性という点では尊敬に値しません。いくら高学歴でも、外見がかっこよくても、人間性が最悪ではつき合う意味がありません。もちろん外見もよくて人間性もいい男性ならベストですが。

◇「尊敬できる男」5つのポイント

女性たちは男性のどんなところを尊敬できると思っているのか？

僕は数人の女性たちに聞いてみました。すると、よく考える女性ほど男性を選ぶときに、尊敬できるできないを重要だと思っているのに気づきました。もちろんよく考えるというのは頭でっかちという意味ではありません。男性のことをよく観察している女性という意味です。女性たちから得た回答をもとにして、尊敬できる男性なのかどうかを見分けるいくつかのポイントについてお話ししましょう。

①困難にどう対処するのか

トラブルからいつも逃げる男がいます。困難なことがあると、それを解決しようとしないで降りてしまう。当然周囲に迷惑がかかりますが、本人は知らん顔です。トラブルに立ち向かえる男は尊敬できる男です。

②一人でどこまでできるのか

いつも人を頼りにしていて、一人では何もできない男がいます。失敗すれば人のせい、成功すれば自分のせい。そうやって生きてきたのです。尊敬できる男は違います。一人で何でもできるし、チームを組んだら仕事の配分をちゃんとして仲間を立てます。

③女性のよくないところを指摘できるのか

もてようとして、女性にお世辞ばかり使う男は駄目。そうではなく、よくないところはよくないときちんと言う男がいいのです。それが真の優しさです。本当に大切にしたい女性に対してならば、そこまで言うのが当然です。

④立場の弱い人のことが分かるのか

自分が優秀だから、自分の地位が高いから、そうでない人をバカにするような男は、人間性の点で欠陥があります。現代ではそういう男がもてはやされるようですが、それは間違っています。

⑤金がすべてではないと知っているのか

金だけですべてを判断する男は、そのうち彼の周りから人が離れていきます。金だけのつながりだからです。その男から金が生まれないと分かると、金目当ての人々は彼の元から去っていきます。

14 女性におごられるときの男の気持ちって？

男女間においての、おごるおごられるについて話をしましょう。

その前に割り勘のことに触れます。

女性とデートして割り勘というのは、今や決して珍しくはないと思います。特に二人の関係がそんなに進行していないときには、二人とも割り勘を不自然とは思わないはずです。ただし、これは最近の男女関係での話で、以前はそうではなかった。男としては、割り勘なんて考えられなかったのです。グループで行ったときの割り勘は当たり前だとしても、相手がまだ恋人になっていないような状況でも、男が払うのが普通という時代がありました。今そう考える男は少ないでしょう。

また、現代でも男が全部払うものだと思っている女性もいます。割り勘など考えられないのです。僕個人としては、そんな女性とは絶対につき合いたくありません。いつもこちらが払うにしても、男が当然払うものだと思うような女性には、人を思いやる気持ちがゼロだからです。男だって結構無理して払っているときもあるのですから。もちろん現実には、そういう女性が大多数ではありません。ほとんどの女性は割り勘を自然だと思うでしょう。じゃあ、割り勘に関しては男と女では一致しているかというと、必ずしもそうではありません。割り勘といっても女性の計算はかなりアバウト（大雑把）なものです。きっちり二分の一でなくてもいいのです。そこにいくらかの差があったとしても、女性はあまり気にしません。自分が相手よりも少し多く払っても、相手が自分よりも少し多く払っても、大体同じぐらいならそれでいい。それが、女性の考え方です。

女性と違い、男性はきっちり二つに分けたがります。けちだからそうするのではありません。割り勘にするのなら、ぴったり二分の一ずつにしたいのです。細かいといえば細かいのですが、きっちり半分にしないと気分が悪いのです。いい加減にしたくない。そうも言えるでしょう。そして、一度おごると決めたら完全にそうしないと気が済みません。ちょっとでも女性が払ったら、男としては納得できないのです。割り勘にしろおごるときにしろ、きちんとしたい。男としては、そう思っているだけです。このへんにも男と女の違いがあってなかなか興味深いところです。

◇〝男のメンツを立てる〟賢い女性になろう

さてそれでは、女性におごられるときの男性はどんな気持ちなのでしょうか？

いわゆるヒモや特別にずうずうしい男は別にして、たいていの男はなんだか割り切れない気分でいるはずです。

もちろん、その場合、女性の方が男性よりも稼いでいて、お金を持っているケースがほとんどにしてもです。実際にも財布の中身も違う。にもかかわらず、男としては釈然としないのです。

「持っている方が払うのだからそれでいいじゃない」

というのは、女性の考え方であって、男性はそうは思いません。

割り勘は気にならないのですが、全部女性に払ってもらうというのがひっかかるのです。

女性からしたらどちらも大して変わらないと思えるかもしれません。でも、男性からすると、自分がとても不甲斐ない男のように思えるのです。

女性が実際に得意げに払っていないとしても、男性にはそんな風に思えてしまうのです。おごる人＝上、おごられる人＝下、という上下関係を男は意識しているのです。男のひがみと言ってしまえば確かにそうなのですが、彼がそうなる気持ちも少しは理解してあげてください。

女性はどうしたらいいのか、と聞かれても、僕にも答えようがありません。この場合、女性の方が男性より稼いでいるのは事実なのですから、女性が払ったとしてもなんの不思議もないのです。

しかし、男はそう単純に割り切れないのです。

男の面子《メンツ》があるからです。

この場合の面子というのは、外から見た感じというような意味です。つまり、女性に払ってもらっている自分を誰かに見られたら、男として格好悪いと思うのです。

男性にそう思わせないためには、あらかじめ彼にお金を渡しておくこと。そうすれば、人から見たら、支払うのはあくまでも男の方です。それが女性の財布から出たお金だとしても、男性が払うという行為が他の人の目に触れることが大切なのです。これもまた、男を立てる一つの技術と言えなくもありません。

15 料理のできない女を、男はどう思う?

僕としては、「最近の若い女性は」というような、年寄りじみた言い方はしたくないのですが、料理に関してはそう言いたくなってしまいます。

あまりに知らなさすぎで、もうあきれるしかありません。彼女たちは食材の名前も料理の名前も知らないのです。

彼女たちは食べることに興味がない。どうやらそれは事実のようです。

太りたくないという理由で、昼の食事をとても簡単なもので済ませてしまう。僕だったら昼には何を食べようかと考えます。もともと食いしん坊なので、いつも今度は何を食べてやろうかと考えています。そして、自分で料理をすることもあります。

食べることに関心がない。

それが料理のできない女性たちが増える一番の原因です。

もしかしたら、味覚が鈍感になっているのかもしれない。おいしいものをおいしいと感じられないとしたら、なんて不幸なんだろうと僕は思ってしまいます。人間の楽しみのうちでも食べることはかなり大きな楽しみのはず。それなのに食べるのに興味がないというのだから、一体何が楽しみなのでしょうか？　僕には不思議でしかたありません。

女が料理をつくって男が食べる。

男たちはそう思っているわけではありません。誤解しないでください。

そうではなく、料理をつくる面白さを知らないような女性はどこかおかしいと思っているのです。

ですから、最近は料理をする男性たちが増えています。料理のできない彼女に文句を言う時間があったら、自分がつくった方が早くていい。きっとそんな風に考えるのでしょう。

男性が料理のできない女性にあきれてしまうのは、料理が女としてのたしなみだからではなく、料理という素晴らしい行為に関心がない事実に問題があるからなのです。

もてる女性の条件の一つに料理があるのを、女性たちは意外と気づいていないのでしょう。しかも、自分が食に関心がないので男もそうだろうと思っているとしたら、ずいぶんと自己中心的な考え方です。

◇「料理」は女を磨く一番手っ取り早い方法

料理上手になりたかったら、おいしいといわれているものを食べ歩きすることです。料理教室に通う前に、おいしいものをまず食べた方がいい。料理のヒントはプロのつくるものにあります。

もちろん、料理の基本を知りたかったら学校などに行くのもいいでしょう。僕自身は料理本を読んで自習しました。そして、おいしいものを食べにいったら、これはどうやってつくっているのかを考えながら食べます。料理をつくった人（プロの料理人）に聞けるときには聞きます。そうやって、料理をしていくと楽しくてたまらなくなります。

確かに最初はどこからどう手をつけていいのか分かりません。

僕もそうでした。

ですから、とにかく初めの頃は、肉じゃがをつくるという風に、何か一品を決めるのです。

一つの料理をつくるプロセスの中に、他の料理にも応用できる技術があります。でも、初めてつくるときはそこまで気が回りません。とにかく一つの料理をつくるので精一杯です。

ところが、そうやっていろいろなものをつくっていくうちに、応用が利くようになります。それが分かると料理が一段と楽しくなります。応用が利くまでには何ヶ月かはかかりますが。

彼にとにかく何か一品つくってあげよう。そこからスタートします。おいしいものを食べさせたい。その気持ちが料理の始まりなのです。

そして、料理はセンスなのです。センスのいい人はおいしい料理がつくれます。服選びと同じです。服のデザインは料理の味つけに当たります。

いいデザインの服を選ぶセンスは、おいしい味つけをするセンスとイコールです。

ですから、センスを磨きたかったら、料理をつくるのが一番手っ取り早いのです。

つくる楽しみと食べる楽しみの両方を経験できるのですから、こんな素晴らしいことは他にはなかなかありません。

16 女がかっこいいと思う「男のおしゃれ」とは？

最近でこそ、男性はおしゃれになりましたが、昔はおしゃれに気を使う男などどろくでもないとまで言われたものです。もちろんそう言ったのも男でした。おしゃれ音痴なのをそんな風に言って誤魔化《ごまか》していた男もいたようですが。

男のおしゃれ、特にスーツについてのそれは、実はいろいろと制約があります。スーツはビジネスマンの制服や戦闘服のようなものですから、ちゃんとルールがあります。

他のビジネスマンたちから浮いてはいけない。

チェックやストライプなどの趣味的なスーツは会社での地位が高くなってから。

先輩や上司の前では、彼らがしているのよりも高価なアクセサリー（腕時計などの）を身につけない。

遊びのネクタイとビジネスのネクタイを混同するな。

ダークなビジネススーツのときの靴は黒しかない。

靴下に色や柄を入れないこと。

色物や柄物のワイシャツには限度がある。

など最低限の常識は、男性自身はもちろんのこと女性も知っておきましょう。

もし、あなたの彼がルール違反をしていたら、そっと教えてあげましょう。

これは僕の昔からの持論なのですが、スーツ姿で一番かっこいいのは、シンプルなコーディネートです。

まずスーツの色は紺。

紺というと何か新入社員のもののように誤解している人もいますが、決してそんなことはありません。紺ほど気持ちのいい色はありません。何よりも誠実な印象を相手に与えるからです。黒だとおしゃれすぎます。グレーだとしまりがなくなります。特に淡いグレーだと。茶はくだけています。やっぱり紺なのです。もちろん無地です。ストライプなどのスーツにはストイックさが欠けています。

靴はもちろん黒。茶にするとカジュアルになります。

ワイシャツは白の無地。

ネクタイは、紺系統のレジメンタル（斜め縞）。

シンプルを絵に描いたようなコーディネートです。でも、それをかっこよく着こなせたらその男性はかなりのおしゃれです。しかも、決して目立ちません。会う人皆に安心感を与えます。それでいて、よく見るとおしゃれなのです。そう気づく人は気づくという種類のおしゃれです。もちろん着こなしていればの話ですが。

◇パートナーの〝服装センス〟を上げるには

女性のアドバイスに男は弱いものです。

あなたの一言が、彼のスーツ姿をおしゃれにもその反対にもします。

しかも、男性に助言するときは、社会的な慣習やビジネス・ルールを無視できません。そこのところを女性も勉強しておくといいでしょう。いくらあなたがグリーンが好きだからといって、彼にオフィスにグリーンのスーツを着ていかせるのはアドバイザー失格です。

女性から見てかっこいい男のスーツとは、ビジネスの現場でかっこいいスーツのことです。そこのところをちゃんとおさえておきましょう。ＴＰＯ〈time〈時〉place〈場所〉occasion〈場合〉〉をわきまえたスーツ、それが男性にとってかっこいいスーツなのです。

とても狭い範囲でのおしゃれ。男のスーツのおしゃれとはそういうものです。ですから、ディテールで差をつけるしかありません。ネクタイのレジメンタルのストライプの幅の違いとか、ワイシャツの生地の違いとか、ワイシャツの衿の形の違いとか、靴のデザインの違いとか……それらはぱっと見たらそんなに違わないように思えるのです。そこのところに凝るのがスーツのおしゃれです。また、そこのところをアドバイスしてあげるのが女性の役目です。自分たちのおしゃれと同じように考えると、グリーンのスーツの例のように必ず失敗します。

以前に比べたらずっとセンスがよくなったように思える男性たちですが、それでもまだ感性的な面が遅れている人もいます。そういう男性には女性の意見がとても貴重です。

「男の着るものは女のわたしには分からない」などと言わないで、自分の好きな男のためには大いに参考意見を言ってあげましょう。

17 どうして男も女も結婚を先延ばしするようになったのか？

男女の結婚観が、時代によって変化するのは当然のことです。

女性の結婚適齢期が延びているのは事実です。それはもちろん、結婚する年齢が高くなったというだけでなく、結婚観の変化そのものの表れなのです。女性たちが結婚に大きな価値を見出さなくなった。そう言えるでしょう。また、結婚という形が昔のように絶対のものではなくなった、とも言えます。社会が変化するのと一緒に結婚の形も変化しています。

男も女も、結婚に大きな期待を持たなくなった。簡単に言うとそういうことだと思います。

女性が結婚年齢を先延ばしする理由は、それまでにいろんなことをやりたいからです。結婚以外にも価値のあるものがあるからです。その中でも仕事が一番大きな比率を占めるでしょう。結婚生活が女性にとって、特に仕事をしたいと思っている女性にとってある種の不自由をもたらすのは、間違いのない事実です。昔の女性たちはそれを不自由と思わないようにしてきました。ところが、現代女性はもっと正直です。結婚生活が女性の犠牲のもとに成り立つのはおかしいと、彼女たちははっきり言います。僕もそうだと思います。

では、男たちの結婚観はどう変化しているのでしょうか？

男たちも女性と同じように結婚を急がなくなりました。

結婚することで失うものがあるのに気づいたからです。それは女性の場合のように仕事ではなく、それ以外の自由気ままな生活です。平たく言えばもっと遊びたいということになります。家族という荷物を背負うのが負担に思えるからです。以前に比べると、男は家族を養うものという考えがだいぶ希薄になっています。そして、男たちの結婚年齢が延びている理由は他にもあります。

それは、余裕のある結婚生活をしたいという願いです。経済的な理由です。家族を養うためにというのではなく、自分も妻もそして子供も皆で生活を楽しみたいという欲求です。結婚してからも独身時代にあった余裕をなんとか維持したい。そう考えると、どうしても経済的な裏付けが必要となってきます。そのためには、なるべく給料が上がり始める時期に結婚した方がいいのです。となると、三十歳が一つの目安となります。男の結婚観には、お金（収入）がとても関係しています。そう思って間違いありません。

◇結婚に対する〝イメージ〟が違う男と女

そして、結婚観に関して女性との大きな違いは、男性は結婚の具体的なイメージを持ちにくい点です。結婚という言葉を聞いたとき、普通、男性は結婚生活を考えます。ところが、女性は結婚という形を考えます。女性にとっては結婚式がとても重要です。式そのものがどうなのか、女性はそこにかなりの情熱を注ぎます。結婚式という場面を重視するのが女性、結婚生活といういわばストーリーにあたる部分を重視するのが男性なのです。

すでにここで男と女は違っています。

結婚生活自体についても、男と女では大きな違いがあります。

女性は結婚式のときに花嫁衣装をどうするのか悩んだのと同じで、どんなベッドにするのかシーツはどうするのか食器はどう揃えるのかといった具合に、それぞれの場面を構成する物に結婚生活のイメージを託します。彼女の考える結婚生活がそこにあるのです。

男は結婚生活をもっと別の角度からイメージします。それは女性のように物によるのではなく、明るい家庭とか、楽しい家庭とか、そうしたやや抽象的な表現になります。

男と女がお互いに助け合って家庭を築いていくものだと思うのは、意外にも男の方が多いのです。世間一般に言われているのとは反対のようですが、男は前にも述べた通りストーリーづくりが好きなのです。ここには、女が現実的、男が理想的という差がはっきり出ています。

男性は頭で考えてから動き、女性は考える前に動く。どちらが正しいのかは、そう簡単に解答が出ません。おそらくどちらも正しいのです。お互いにないものを求め合うのが男と女の関係だと思います。そのために結婚をするのです。そして、結婚が破綻するのは、相手に求めてもしかたないと気づくからかもしれません。求めに応じてくれない相手だったら、確かに別れるしか解決方法がありません。

18 なぜ女は〝男を平気で待たせる〟のか？

デートのとき、待つのは男、待たせるのは女。大体そう決まっているようです。僕の経験から言ってもそうですし、知り合いの男たちに聞いてもそう言います。そして、女が男を待たせようとして待たせているのではないのも事実です。結果として待たせることになってしまうというのが実状のようです。

待たせて平気かどうかですが、おそらく女性たちは平気だと思います。

遅れてきて、

「ごめんなさい」

とは言いますが、次の瞬間にはそのことを忘れています。

女性の時間の観念と男性のそれは、どこか根本的なところが違っているのではないか？　僕はそう思うようになりました。

女性たちは男を困らせようとしてそうしているのではない。それも確かなようです。

また、来ないかもしれないと男がどきどきするのを想像して楽しんでいるのでもない。男が待つのは当然と高飛車になっているわけでもない。稀《まれ》には自分の格を上げようとしてそうする女性もいるでしょうが、ほとんどの女性はそこまで意地悪な性格ではありません。

男が遅れないのは計画を立てるからです。

約束の時間が午前十時だとしたら、何時に起きたらいいのか、何時に家を出たらいいのか、そこのところを厳密に計画します。ところが女性はかなりアバウトです。

「計画なんて立てなくても、間に合えばいいのよ」

と言いつつ、約束の時間に遅れるのが女性です。

予定していた起きる時間を十五分寝過ごしたら、男性はその十五分をどこかで取り戻そうとします。たとえば朝食を抜くとかして。女性はそうはしません。約束の時間を十五分先延ばしにして、十五分のロスを帳消し（プラスマイナスゼロにすること）にします。

十五分くらいの遅れは大したことではない。

そんな風にあっさりと認めます。待ち合わせの相手の男性が認めたわけではないのですが、女性自身の気持ちの中では問題が解決してしまうのです。

しかも、目的地に向かう途中で、相手に遅れると電話やメールをします。それは約束の時間を変更したと同じ意味を持ちます。少なくとも彼女だけはそう納得します。彼に連絡した女性は安心します。遅れると断ったのだから、わたしは何も悪いことをしていない。また、断ったのだから彼も十五分の遅れを納得するだろうというのが、彼女のかなり身勝手な理屈です。だからこそ、彼女は平気でいられるのでしょう。

◇遅刻したときの女性特有の開き直り

現場に到着してからも、彼女の独自の理論が展開されます。

遅れてしまったのだから今さらそれを言ってもしようがない。そんなことをねちねち言うのは男らしくない。起きたことはしかたないのだ。

いかにも女性らしい考え方です。

女性はあるがままを受け入れます。そんな風に言うとかっこいいのですが、別の言い方をするとルーズということになります。柔軟性があるというか融通が利くというか、とにかく女性は、起きてしまったことをがたがた言っても、と居直るのです。つまり、それだけ女性は図太くできているのです。

男性にはそういうところがありません。だから、女性がどうして約束の時間に遅れても平気なのか、なかなか理解できないのです。

男は時間を逆戻しにします。起きたことではなく起きなくてもよかったこと。それが男の考え方です。時間を遡《さかのぼ》って考えられるのが男だからです。つまり、男は女よりも過去にこだわりやすいのです。男性は女性が約束の時間に遅れたのを忘れない。女性はすぐに忘れてしまう。この違いは埋めようとしても埋められません。

頭を使う男性は、いつも二十分は遅れる女性と待ち合わせるとき、自分も二十分遅れていきます。それでも彼の方が少し早く着く場合もあります。でも、待つ時間は少なくて済みます。でも、そんな関係が決していいとは思いません。望ましいのは男も女も約束の時間にちゃんと待ち合わせ場所に行くことです。

男性みたいにきちんと計画を立てれば、女性だって遅れずに済みます。いいところは大いに真似しましょう。

第3章

相手の心がグッと動き始めるとき

～男の選択、女の選択

19 男が一夜限りのエッチで終わらせたいと思うのはなぜ?

女性よりも男性の方が、実は女性をきびしく分類しているのではないか?
最近の僕は、ますますそう思うようになりました。
もちろん女性だって男性をいろいろと分類しています。たとえば、
①男は食事を一緒にするのにちょうどいい。おごってもらえるし。
②男はクルマを持っているので、どこかに遠出するには便利。
③男はお金持ちだから、高価な物をおねだりするのにいい。
④男はセックスフレンドにぴったり。
⑤男は頭がいいから相談するのにいい。
⑥男はセンスがいいから買い物につき合ってもらおう。
⑦男はスポーツ観戦向き。
など、男からしたら、ずいぶんじゃないかと思えるような分類法です。

でも、女性の場合は少し甘いところがあって、どの男性もそのときどきのタイミング次第で、本命に昇格できる場合がある。複数の男たちをいろんな形でキープしておきたい。どうやら、それが女性の本音のようです。

そこへいくと、男の分類はかなりきびしいものがある。女性のように、相手を昇格させることはまずありえない。そして、そのことに女性たちはあまり敏感に気づいてはいないらしい。

どうしてかというと、そんなことをいちいち口には出さないからです。女性はうかつにもそのへんのことを、人にべらべらと喋《しゃべ》ってしまう。何人もの男を知っていると自慢したいのでしょう。男性は女性が思っているよりも警戒心が強い。だから、あの女は何々向きなどと、うっかり喋ったりはしないのです。

◇男は一度セックスした相手を二種類に分ける

一度セックスをした相手の女性を、男性は大きく二種類に分けます。

①これからも会いたい女性。

②それっきりの女性。

女性の側はもしかしたら恋人としてずっとつき合っていけると期待しているかもしれませんが、男性は平気でそんな期待をうち砕くのです。男が冷たいからではなく、セックスに対する意識の違いだと思います。愛はなくてもセックスできる。好きでなくてもセックスできる。男のそうした体の仕組みにすべての理由が隠されています。

体だけと割り切れるところが、男には確かにあります。一度そう割り切ったら、男の考えはそう簡単には変わりません。

「この女性とは体だけ……」

と決めた男に迷いはありません。

と自信を持ったつもりでしたが、それっきりのつもりがもう一度となるケースもあります。本当に稀《まれ》なケースですが、女性の反応があまりにもよかった場合は、愛情がなくても男はもう一度会いたい（セックスしたい）と思います。

つまり、①の「これからも会いたい女性」が、さらに二つに分類されるのです。

①のA、恋人としてつき合っていきたい女性。

①のB、セックスフレンドとしてだけつき合っていきたい女性。

ですから、男性にまた会いたいと言われただけで安心してはいけません。Bのケースもあるのですから。

もとに戻って、じゃあ、②の「それっきりの女性」は、一体どこに問題があるのでしょうか？

セックスの相性がよくないことはもちろんですが、それよりももっと重大な問題点があると思われます。それは女性の本性です。セックスのときにそれはもろに出てしまいます。女性本人は気づいていませんが、意地悪なところとか冷たいところとか素直でないところとか性格が暗いところとかが、セックスのときに全部出てしまうのです。

普段は会話などで誤魔化《ごまか》せるのですが、セックスのときはそうはいきません。さっさと自分だけいい気持ちになってしまうとか、その女性の隠しているものが見えてしまいます。とても雑なところが見えてしまうこともあります。メッキが剝がれると言いますが、まさにその言葉通りなのです。ベッドの上で急にふてぶてしくなったりしたら、男は一気に幻滅してしまいます。服を着ているときにいくらおしとやかにしていても。ふてぶてしくではなくエッチになるのは、男として大歓迎ですが。

20 出世する男、しない男をどう見分ける？

出世する男の条件。

①全体を見渡せる
②要領をつかむのが上手
③自分より能力の劣る人間をバカにしない
④自分の立場をわきまえている
⑤仕事を楽しめる
⑥失敗を経験として生かせる
⑦仕事の優先順位が分かっている
⑧努力ができる
⑨時には妥協もする

⑩一人でも戦える
⑪約束は守る
⑫誠実
⑬自分も相手もよくなるように考える
⑭時間の使い方が上手い
⑮人に対して公平
⑯年長者には敬意を表す
⑰融通が利く（柔軟）
⑱礼儀を知っている
⑲自分の非は認める
⑳嘘をつかない
㉑人をだまさない
㉒きちんとした目標がある
㉓細心で大胆
㉔女性の意見もちゃんと聞く

㉕謙虚

◇「口先だけの男」を見破る簡単な方法

以上のポイントをふまえて、男たちをよく観察してください。そうすれば、その男の器量（能力）が分かります。そのとき注意しなければならないのは、口の上手い男にだまされないことです。インテリに多いタイプとして、口先だけで実は何もできない男がいます。そういう男は女性と二人きりになるととても饒舌《じょうぜつ》になります。人生経験の豊かでない若い女性には、彼の話すことが素晴らしく聞こえてしまう。この人はいい大学を出ているし知的だし……と彼が魅力的な男として見えてしまうのです。

ちょっとでも知識のある男にとっては、若い女性を口でだますぐらい簡単なことです。会話の中で新しい言葉を使ったり、新しい情報を入れたりして、彼は自分がいかにすごいのかをアピールします。彼は言葉をだましの武器として使っているのです。その結果、本当はその人が会社ではあまり評価されていなくても、あなたの前ではものすごい実力の持ち主のように振る舞えるのです。

ですから、その男がどの程度なのかを見抜くには、具体的な事実で判断する習慣を身につけましょう。あなたと彼がどこかのお店に行ったとします。そこであなたがよく観察すれば、彼の正体を見破るのはむずかしくはありません。お店の人に対してやたらに横柄だったり威張り散らしたりするのを見れば、彼がどの程度の男なのかはすぐに分かります。本当に力のある男は、自分よりも立場の下の人に偉ぶったりはしません。ごく常識的な言葉使いをします。それが彼に関する具体的な事実なのです。二人でいるときにいくらすごいことを言ったとしても、自分よりも格下の人に対しての態度がガラリと変わるようではろくな男ではありません。トラブルが起きたときにも、彼の本性が出てしまいます。普段はすごいことを言っていても、クルマで事故を起こした途端にあわててしまう。そんな男は頼りにはなりません。てきぱきと処理していける男なら将来性もあります。

その男の言葉ではなく態度で、どの程度かを判断しましょう。言葉なんて多く知っている方が上手に使えるだけです。それは、男の中身とはなんの関係もありません。男が使う言葉は、女性が使う化粧品みたいなものと思ってください。

21 男と"上手に別れる"にはどうすればいい?

別れのタイミングはむずかしい。

特に女性から別れを切り出すのは、男性からそうするのよりもむずかしい。男はなかなかそれを認めようとしないからです。また、男には現実よりも自分のプライドを重んじるところがあるからです。女性に別れたいと言われた男性は、それに対してあれこれと理屈を並べ立てるに違いありません。なんとか言葉で女性の気持ちを変えさせようとします。

それも無理だと分かった男性は、女性をやんわりと脅《おど》したりもします。

僕はこんなケースを聞いたことがあります。

その女性が別れを切り出したら、相手の男性は彼女にこんな風に言ったのです。

「プラットホームに立っていると、線路に飛び込みたくなる」

と。

それを聞いたとき、僕は彼女に言いました。そのせりふはオーバーで本気ではないけれど、男というのは別れを女性に言われるとかなりのショックを受けるものだ、と。男は、特に自信の強い男ほど、自分がつき合っている女性から別れを切り出されると、かなり大きな打撃を受けるものです。

男の本心はこうです。

「まさか、彼女にそんなことを言われるとは思ってもみなかった」

男は鈍感です。一度自分の彼女になった女性は、ずっと彼女のままでいる。そんな風に勝手に思い込んでいます。それまでにも、彼女が男のイヤなところに対して信号を出していても、彼はなかなかそれに気づきません。だから、突然女性がそう言いだしたとびっくりします。いきなり頭を強く殴られたように感じるのです。

◇こんな〝相手を逆上させる言葉〟に要注意

そこで女性が考え出したせりふが、

「嫌いになったわけじゃない」

です。

男の気持ちをなだめるのには、確かに適切な文句ですが、それをストレートに受け止める男がいるのも事実です。

「嫌いになったわけじゃないのに、どうして別れなきゃいけないのか？」

と、男性は女性に詰め寄る。

女性がそこでちゃんと説明しないと、男性は納得できないままの宙ぶらりん状態になってしまう。もちろん理解力のない男に問題があるのだけど、別れたつもりの男性につきまとわれでもしたら女性が困るのも事実。ここは一つきちんと説明しておきましょう。

「嫌いになったわけじゃないけど、でも、一緒にいるのは無理。どうしてかというと、いろいろと一致しないところがあるから」

と、その不一致部分を細かくあげます。

すると、男は決まってこう言います。

「そこは直すから」

と。

どこまでも理詰めでこようとするのが男なのです。

それに対してはきっぱりと、

「それは直せるものとは違うわ」

と言います。

細かい説明は不一致部分についてでもう終わっているので、そこではくどくどと言う必要はありません。

男は理屈が駄目ならプラットホーム云々のような情に訴える作戦に出ますが、それを本気にすることはありません。無視しましょう。

もっといい他の男が現れたのが別れる本当の理由であっても、それは絶対に言わない方がいい。プライドを傷つけられた男が逆上するかもしれないので。そうなった男はあなたに何をするか分かりません。

僕の知っている女性は新しい男性と一緒にいるところで、ナイフを持った前の男にもう少しで刃傷沙汰《にんじょうざた》を起こされるところでした。結局は新しい男性が説得して何も起こらなかったのですが。かっとなった男はかなり危険だと覚えておいてください。

22 男は本当に「恋愛と結婚は別」と考えている?

女性には失礼かもしれませんが、ほとんどの男は女性を二つのタイプに分類します。
①妻にするのにぴったりのタイプ。
②恋人にするのにぴったりのタイプ。
もちろん、この二つのタイプが一致する場合だってあります。でも、それはたまたま一致したのであって、タイプが一つしかないということではありません。たいていの男性は女性を二つのタイプのどちらかに分類するからです。最初は恋人向きと思っていた女性が、結果的には結婚相手にもなった。そういうことなのです。その反対はどうなるかというと、結婚タイプだと思ったのに、結果としては恋人タイプだったので結局結婚はしなかった、となります。

女性はおそらくそんな風には分けて考えないでしょう。ただし、どうしても分けて考える場合が一つだけあります。それは、つき合っている男性が既婚者のケースです。

いわゆる不倫というやつで、この場合はほとんどの女性は「この人は結婚する相手ではない」と思っています。最初はそうだったのに結婚したくなって、奥さんから男を略奪することもあります。実際には極めて少ないケースですが。不倫は例外的なケースなので、ここでは触れません。

さて、普通一般の女性なら、つき合っている男性との結婚を一度は意識するはずです。しかし、極端に言うと、男は結婚をまったく意識しなくても、女性とつき合えるのです。言葉はよくありませんが、それが遊びの女性です。遊びに対して結婚を本気で意識する女性のことを本命と呼びます。遊びとははっきり言うとセックスのこと。男にそうなのかと聞くときっと曖昧《あいまい》に答えるでしょうが、僕は男の本音、嘘偽りのないところを答えたのです。この場合、恋人＝セックスフレンドとなります。ただし、その本音を女性に言う男性はいません。ですから、最初女性は遊ばれているとは思いません。時間が経つにつれて気づき始めますが。

最近は女性の側も割り切るようになったので、結婚を目的としない関係が以前よりもずっと増えています。男も女もそう承知してつき合うのだから、楽しい経験になるはずです。最初はそのつもりでも、女性の方が結婚を意識し始めることもあります。

でも、男が結婚を意識しない限り、二人が結婚することはまずありえません。

◇〝社会的評価〟につながることに男は敏感

ところで、どんなタイプの女性を恋人向き、どんなタイプの女性を結婚向きと、男は分けているのでしょうか？

恋人向きの女性は、やはりどこか派手で見栄えがして、男友だちに自慢できるようなタイプです。男の見栄を満足させてくれる女性です。そして、少々性格に難があっても、一緒に生活するわけではないので、男はその点をあまり問題にはしません。もちろん、その女性を深く愛しているわけではありません。条件に生活という面が完全に欠けています。遊んでいて楽しい相手。それが恋人向きの女性です。女性に求める条件が少しも具体的でないのが特徴です。

反対に結婚に向いている女性とは、どんなタイプでしょうか？

男の注文は一気に具体的になります。

子供好き。

経済観念がある。

しとやか。

常識がある。

料理上手。

などが一例としてあげられます。

さて、最後に残る疑問としては、男はどうしてそんなに割り切ることができるか、です。それは男が社会というものをいつも意識しているからです。恋愛は社会から見たらとても曖昧なものです。恋愛しているからどうなるわけでもありません。ところが、結婚はまったく違います。結婚は社会的に認められた、はっきりした一つの形だからです。会社はプライベートに関知はしないとはいうものの、上司が部下の家に電話をしたときに部下の妻がどう応対するかで、その男の評価が違ってきます。妻がきちんとした言葉使いができれば、男の株（価値）も上がるのです。恋愛にはそういう局面はありません。男が自分から割り切るというよりも、社会が男に割り切らせている、そんな風に考えると分かりやすいかもしれません。

23 女の心変わり——気持ちが冷める瞬間って？

女心と秋の空。

変わりやすいもののたとえです。

確かに秋空も変化しますが、女性の気持ちも目まぐるしく変わります。

正直なところ、男性はそれについていけない。

男の浮気と女の心変わりがなかったら、世の中の男女関係はすべてうまくいくのにと思います。いや本当は、女心ではなく男心と秋の空だ、と言う人もいますが、突然相手を嫌いになるのは女性の方に多い。本当に突然なのです。それまで笑っていたのが急に泣き出すような感じです。

男の場合も突然の心変わりがないわけではありませんが、それにはちゃんとした理由があります。論理的に説明のつく理由です。突然なように見えても、そこに至る途中経過もあります。ところが、女性の場合は男性のたった一つのミスによって、男を嫌いになってしまう。そこのところが、男性にしてみれば、そんなに大したことじゃないのにと言いたいのですが、その言葉は女性には通用しません。

場面と場面のつながりがない。僕は女性の行動についてそう思います。男性の行動は一応場面と場面のつながりがあります。つまりそこにはストーリーがあるのですが、女性の場合はストーリーがなくいろんな場面が次々に現れます。だから、男性には理解しにくい。

その結果、男性は女性に振り回されてしまう。ころころ変わる女性の気持ちにどう対応していいのか分からないままに、時間がどんどん過ぎていきます。少し大げさに言えばそういうことです。

◇「男の理屈」と、「女の生理」は両立しない

たった一つのミスと言いましたが、具体的にそれを説明しましょう。

僕の知っているカップルの仲がこわれたのは、男のちょっとした気のゆるみからでした。彼は仕事が忙しかった彼女になかなか会えずにいらいらしていました。そして

やっと会えたので彼女を自分の部屋に呼びました。そして、セックスをしようとしたのです。彼女は疲れているからいやだと言ったのですが、彼としてはひさしぶりに会えたので我慢できなかったのです。そして、強引に彼女とセックスをしました。彼女も強く拒みはしなかったのです。

ところが、この一件が原因で二人の関係は破局を迎えたのです。一年以上つき合っていたのに、突然彼女の方から別れを切り出された彼は一体何が起こったのか理解できなかった。強引にセックスしたのが悪かったと認めるものの、だから別れるというのは唐突すぎると思ったのです。彼女の気持ちがたったそれだけのことで冷めてしまうなんて、彼にはどうやっても理解できなかったのです。

これが男の側からの意見です。

女性から言わせれば、彼に期待した優しさがなかった。それが彼女の気持ちに変化を与えたのです。彼女はどうして彼がそれを分からないのかが分からない。自分の行為が強引だとしても優しくないとは彼は思えないのです。二人の別れ話はずっと平行線をたどったままでした。

彼女の気持ちが冷める理由が頭では分かるものの、僕も素直には納得できません。

たった一回だけの過ちを許してくれてもいいのにと、僕は思うからです。それが引き金となって別れてしまう。男と女の関係とはそんなに簡単なものなのか、あるいはそんなに頼りないものなのか。彼が言いたいのはそこのところでした。

それまで好きなものだったのが手のひらを返すように嫌いになる。そこが僕には納得できない。世間の男たちも僕と同意見だと思います。あまりの脈絡のなさに、男は唖然《あぜん》とします。女性に言うべき言葉が見つかりません。

女性がそうなるのは、想像するにおそらく生理的なものなのでしょう。生理的な嫌悪感がそこにはあるようです。

そこでは男の理屈など通用しないのです。言葉でもう少し分かりやすく説明してくれればいいのにとほとんどの男性は思いますが、女性は泣いたりするだけで説明にはなりません。男の論理（理屈）と女の生理は、どうやっても相容れないのです。お互いに歩みよるしかありません。

セックスのケースは一例であって、もっと別のことが原因で女性の気持ちが冷めることもあります。でも、女性は自分の気持ちの変化を上手く説明できないのです。男性もそこのところをなんとか聞き出すように努力すべきだと思います。

24 初対面、男は女のどこを見ている?

女性、男性という分け方に関係なく、人は初対面のとき相手のどこを見るのでしょうか?

それは言うまでもなく顔です。

女性が男性に会ったときも、男性が女性に会ったときも、同じです。人はまず相手の顔を見る。自然とそうしているのです。

よく、男たちは「自分は女性の胸を見る」とか、「足に目が行く」などと勝手に言っていますが、それは顔を見てからのことなのです。

どうして顔を見るのか?

顔にはいろいろな情報があるからです。この人はこちらに敵意を持っていないかとか、この人は今話しかけられるのをいやがっていないかとか、この人は気むずかしい人なのかとか、気さくな人なのかとか、顔の表情から様々な情報を人は読み取ろうとしています。

ですから、僕たち人間は、相手の目が細いとか、眉毛が濃いとか、額が狭いとかを知るために、人の顔を見ているわけではありません。もちろん相手の顔の特徴も情報の一つではあるけれど、相手の内面的なものに比べたら、重要な情報とは言えません。

ものすごく美人の女性。そんな女性と向かい合った男がすっかり彼女の虜《とりこ》になってしまう、ということは、現実にはありえません。中学生ぐらいまでなら、そんな風に単純に反応するでしょう。でも、大人の男は違います。女性の顔のつくりも見ますが、顔の表情も見ています。

僕が一番気になるのは、女性の笑い方です。美人であっても笑い方にゆがみのある女性がいます。目、口元が素直に笑えていない女性です。そういう人はいくら美人でも、パスした方がいいのです。彼女が素直に笑えないのは、彼女の過去の体験にいろいろとトラブルがあったのを物語っています。しかも、そのトラブルの原因の半分は彼女にあります。場合によっては半分以上かもしれません。つまり彼女には性格上の問題があるのです。そういう女性とつき合うと、男は苦労します。彼女に振り回されてしまうのです。さすがにこういうことは、中学生の男の子には分かりません。

◇"男の恋心"をつかむ一番いい方法

表情の乏《とぼ》しい女性も要注意です。彼女にはおそらく他人に対しての思いやりがないはずです。感情の起伏が激しいのも困りますが、この女性のように感情が固まっているのも危険です。感情を抑えているのではなく、どう感情を表現していいのか分からないのです。育った環境に原因がある場合もあります。

表情豊かとは感情が豊かなことで、そういう女性は自分も含めた人間の悲しみや喜びに対して非常に素直な人です。素直に生きてきたのが、表情となって顔に出るのです。素直さが美人をつくる、そう言ってもいいでしょう。そして、いやなことは顔に出さないように心がけています。人にはなるべく笑顔を見せるようにしています。

豊かな表情をつくるには、まず自分が普段どういう表情をしているのかを鏡でチェックします。どうも暗い表情をしているとか、不機嫌そうだとか、これでは人にいい印象を与えないなとか、まず、そうやって自分の表情を知ることです。そこから始めましょう。自分を知ろうとしないで、豊かな表情はつくれません。

自分の表情がよく分かったら、今度は外に出ましょう。そして、人の目を意識します。人からどう見られているかを気にしてほしい。そう意識し続けていると、自然に表情に動きが出てきます。どうせなら、人にいい印象を与えたいと思うからです。

楽しそうな表情をつくるには、まず自分が楽しくなることです。街を歩いてお気に入りの服をショーウインドウの中に発見したら、思いっきり嬉しさを顔に出しましょう。子供のように喜ぶのです。すると、あなたの表情は生き生きしたものとなり、周囲の人たちにもいい印象を与えます。それは同時に心の窓を開いた状態を意味します。自分の気持ちをオープンにすることで、周囲の人たちまでもが気分がうきうきしてきます。一人の人の表情が周りに影響を与えるのです。

職場でも同じことが言えます。

まず目に力を入れましょう。そして一つ一つの仕事に注意を向けます。すると、仕事に対する熱心さが目に表れます。周りの人はそんなあなたを見て、仕事に真面目に取り組んでいる女性だと評価するでしょう。仕事場では適度に緊張した表情が好感を持たれます。もちろん、それはがちがちに固い表情という意味ではありません。

25 女はなぜ「好きな男のタイプ」にうるさいのか？

男も女も好みのタイプがあります。

でも、好みのタイプの相手がこちらを好きになってくれるという保証はありません。

また、そのタイプが背の高さとか顔のつくりなどの外見的な条件だった場合、相手の性格はまちまちとなります。同じような顔立ちでも、気の弱い人もいれば気の強い人もいます。好みを相手の性格に求めると、今度は外見がまちまちとなります。同じような性格でも一重の人もいれば二重の人もいるという風に。

僕は好みというものはかなり便宜的なものだと言いたいのです。便宜的とは一時的な間に合わせという意味です。もっと別の言い方をすれば一応の目安となるでしょう。

そして、いわゆる恋愛巧者（上手）は、好みにはあまり執着しないという事実もあります。好みはもちろんあるのですが、それにある程度の幅を持たせています。狭く限定はしません。好みを狭く設定すればするほど、相手がこちらを好きになる確率が低くなるからです。また、背の高い人がいいのだから何センチ以上と決めるのはバカげています。現実的に考えると、特に低くなければいい、で十分でしょう。

以前の話ですが、僕はある女性の彼に、それも何人にも会ったことがあります。ほぼ全員を紹介してくれたので、彼女の好みがとても広範囲に渡っているのを知りました。特に好みというのを発見できなかったのです。どの相手とも彼女が恋愛を楽しんでいたのが、唯一の共通点でしたが。

好みの基準はとても曖昧《あいまい》です。外見が好みではなくても、話してみたらとてもいい人だった。そんなケースもあります。それでも好みにこだわると、せっかくの恋のチャンスを逃してしまいます。好きなタイプに執着するあまり、いつまで経っても恋人ができない。そんな風になるのは好ましいことではありません。

好みのタイプをあれこれだという人が皆、恋愛経験が豊富だとは限りません。むしろ、恋愛経験の少ない人の方が好みにうるさいものです。それは、異性についてあまり知らないからです。好み云々よりも、異性の未知の部分を知ることが面白くてたまらないのです。恋愛をいくつかしてきた人は、その事実に気づいています。好みというのはこちらの勝手な思いです。相手がこちらをどう思うかとは、まったく関係のないものです。

◇「好みのタイプ」ほど、いい加減なものはない

好きな男性のタイプを決めている女性へ、僕はアドバイスしたいと思います。もっと視野（男を見る目）を広くしたらどうでしょうか、と。そして、好みにはゆとりを持たせましょう。いろんな好みを持って恋愛を楽しみましょう。

これが僕のアドバイスです。

俗に言う、ストライクゾーンの広さです。

ストライクとは、つまり好みです。ストライクゾーンとは、好みの範囲です。野球用語を異性の好みについての表現に言い換えているのです。

大体好みの理由あるいは基準は、実に曖昧なものです。顔のつくりで言うと、外国人っぽい彫りの深い顔も、見ようによってはしつこい顔になります。反対にいかにも東洋的な顔は、すっきりした爽やかな顔立ちとも言えるのです。見ようによって長所

が欠点に欠点が長所になります。ですから、それは長所とか欠点とかではなく、特徴なのです。個性と言ってもいいでしょう。

好みは年齢によって変化することだってあります。年齢だけでなく、そのときどきの気分によって変わる場合もあります。

異性についての好みは、食べ物の好みに似ていると僕は思います。

胃が疲れているときには、脂っこいものを食べようとは思いません。反対に元気でいっぱいのときなら、しつこいものを食べてもなんともありません。食べ物の好みは、体調によって変化します。

恋愛も同じです。とても優しい男を欲するときもあります。でも、そういう男では物足りないときもあります。それは恋愛の体調（正確には心の調子ですが）によって違うのです。こうなると、好みを決めるなどとても無理なことに気づきます。

それにもかかわらず、ほとんどの人が好み好みと言うのは、好みがはっきりしているのがいいことだというなんの根拠もない思い込みがあるからです。また、好みの相手とつき合えば安心ということもあるでしょう。実際にはそんなことないのですが。

26 「男好きのする女」ってどういう意味？

まず、「男好きのする」という言葉の意味から説明しましょう。

男好きの女性と言えば、男のことが好きな女性を意味します。いつも男がそばにいないと駄目な女性です。失恋しても男の存在が途絶えない女性のこと。じゃあ、「男好きのする」とは一体何なのでしょうか？　それは男の好みに合う女性のことです。

具体的には、いくつかの要素があげられます。

①女っぽさ。優しく、柔らかく、母性的で、ちょっと世話好き。

②色っぽさ。セクシーな体つきにはっきり出ます。

③フェロモン。フェロモンとは体から出ているオーラのようなもの。

④可愛げ。憎めない性格のことでもあります。

⑤甘え上手。甘えられて嬉しくない男はいません。

⑥素直。人から好かれる条件の一つです。

⑦純。うぶということ。男が自分の色に染めたくなるから。
⑧隙《すき》。それだからこそ、誘いたくなります。
⑨感じのよさ。こちらの気分がよくなります。
⑩笑顔。幸せな気持ちをくれます。

と、一応思いつくままに並べてみました。

読者の中には、いくつかの要素が矛盾しているのではと思う人もいるかもしれない。純で女っぽいとは？　と疑問を感じるはずです。ところが、男はそうは思わない。純↓初々しい↓そそられる↓女っぽい。こんな風に男は女を見るのです。フェロモン全開だって、本人が意識してそうなのではありません。女性自身が自分では気づかずにフェロモンをまきちらしているのはよくあることです。そこが男性にとってはたまらない魅力となるのです。

すきがあるのも同じです。わざとすきをつくっているのではなく、自然にそうなっています。自分をガードしようとはせずに、誰をも受け入れようとしている。その気持ちがあるから、自然にすきができるのです。男性に甘えるのだって、演技でそうしているのではなく、もともと男性を頼りたいという気持ちがあるからなのです。それを自立心がないと受け取る女性もいますが、プラスに解釈すれば男性を尊敬しているとも受け取れるのです。ここにあげた要素をすべてプラスに受け取れる、しかもそれが自然にできる女性こそ、男好きのする女性です。

◇自然と男性の心を引きつける、こんな女性

反対に男好きのまったくしない女性もいます。

しかも困るのは、当の本人がそれに気づいていないことです。

まず表情からして違います。ほとんど笑わないし、いつも人を疑うような顔をしています。また、深刻そうな、むずかしそうな、考え深げな表情もそうです。特に考え深げな表情は、本人が自分は賢い女性だと意識しているからなのですが、そんな顔をしている女性をいいと思う男性はいません。いいどころかとっつきにくい小生意気な女として見るでしょう。

また、なぜか理由がはっきりしないのですが、その女性といるとこちらが彼女よりも下の立場にいるように思える女性もいます。言葉使いはていねいなのですが、それ

にもかかわらず上から言われているような気分になってしまう。こういう女性とは仕事上しかたなくつき合いはするけれど、プライベートでは絶対に会いたいとは思いません。

服装などまったくかまわない女性も、男性の対象からははずれてしまいます。洋服なんて上っ面のものだと言っても、女性でそれに興味がないのは、男性に対する思いやりにも欠けているのではと誤解されます。なぜなら、男性と会うときにはどんな服を着ようかと考えるのも、思いやりの一つだからです。本当はとても思いやりのある女性だとしても、外見からその反対だと判断されるのです。非常に損な女性です。

若いのに妙におばさん化している女性も嫌われるでしょう。会話をするとすぐに分かってしまいます。まだ若いのに、露出の多い服装に対して「あんなの風邪をひくんじゃない?」などと言うのは、完全におばさん化している証拠です。

そして、男好きのしない女性には共通点があります。男好きのする女性のことを悪く言うところです。嫉妬から言っているのでしょうが、男性に人気のある女性をいじめたがります。そんなことをすればするほど、男から好かれなくなるのに……。

27 「女のやさしさ」には〝裏〟がある⁉

少し意地の悪い質問です。

女性の優しさには裏があるのではないか？

男はときたまそんな疑問を持ちます。

女性が優しいのはもちろん大歓迎なのですが、それが男性をはめようとする罠《わな》だとしたら……。

「釣った魚には餌をやらない」という言葉があります。

男性は口説くまでは優しいのに、いったん女性が自分の彼女になると態度を変える。

デートで食事に行くレストランのランクを下げるとか、そういう意味だけれど、女性にもそれに近いことがあるのではないか？　そこまで深く考えた男性がきっと、女性への この質問を思いつくのでしょう。

「その優しさは、男をはめるため？」

男性を自分のものにするまでは優しかったのに、いったん自分の彼になったらいろんな意味できびしくなる。彼の行動を監視したり、他の女性の存在を必要以上にチェックしたり、男同士のつき合いにも疑いの目を持ったり、と女性の側の態度もがらりと変わってしまう。そうなりはしないかという予感があります。予感といっても、他のカップルなどを見たりして、情報としてそうした心配を頭の中にインプットしているのです。

お互いさまではありますが、できれば優しさはずっと変わらないでいてほしいと、男たちは女たちに願います。言い換えると計算ずくの優しさは困るのです。あるいは作戦としての優しさ。そういうものに自分ははまりたくないと、男は思ってしまう。

おたがいさまと言いましたが、僕は「釣った魚には餌をやらない」というのを認めているわけではありません。男性だってずっと女性に対して優しくすべきだと思います。なかなかそうするのが現実問題としてむずかしいとしても、少なくともそうするように努力はすべきです。

◇つき合ったあとの「男の変化」「女の変化」

男がいやなのは、女性が安心しきってしまうことです。安心した女性は恋人にもかかわらず、妻のような態度を見せるようになります。結婚していないのに、妻気取り。そこのところが、男性は許せないのです。男性は別に亭主気取りはしません。にもかかわらず、女性が妻のように振る舞うのはなぜでしょうか？

男性の変化といったらせいぜいデートへの意欲をなくす程度なのですが、女性の変化はそういうものではありません。この男をつかまえたという妙な自信が出てくる。それが男を束縛することにつながっていきます。安心しきった女に男は魅力を感じなくなってしまう。安心した女性は緊張感をなくします。どうなるかというと、どっしりとかまえてしまいます。少女のように初々しかった女性が、妻のようにふてぶてしくなる。男はがっかりします。そして、そこで初めてはめられたと気づくのです。

夫婦の関係ではなく恋人同士の関係だとしても、普通、女性は巣づくりを開始します。同棲するというような具体的な意味ではありませんが、精神的な意味での二人の居場所をどこかに求めたがるのです。それが女性の一般的な考え方なのでしょうが、男はそういう状態に組み込まれたくないと思います。女性に縛られるのがいやというよりも、自由でいたいと願うのです。それが男という生き物の特徴です。わがままではなく特徴です。

ですから、最初から優しさを全開にしないことです。

それを小出しにするのがいいでしょう。

優しさが突然束縛に変わったら、男は驚きます。ですから、優しさもほどほどにしておきます。もちろん、束縛するようなそぶりは見せないこと。ごく自然に二人でいると居心地がいいと男性に思わせてしまう。それがベストなやり方です。そうした環境をつくるには、彼に世話を焼いたり励ましたりするのではなく、彼の自由を尊重することです。彼がしたいようにさせてみる。それで失敗したらアドバイスする。そんな感じがいいのでは。それにはいつもべったりという関係にならないように注意しましょう。居心地はいいけれどそこは二人の巣ではない。そんな雰囲気がつくれたら最高です。そしてこうした関係には、自分を見失わないという、女性にとってのメリットもあります。

28 女はやっぱりやせているほうがモテる？

女性は自分のスタイルをとても気にします。男性の何倍も気にしていると言ってもいいでしょう。ダイエットに関心が強いのも、もちろん男性より女性の方です。

さて、男性が好む女性の体型とはどんなものでしょうか？

「そんなの、やせてる方がいいのに決まってるじゃない」

と、ほとんどの女性は答えるに違いありません。でも、やせていればいいというものではありません。そこのところを多くの女性が勘違いしているようです。

やせている女性の代表として、ファッションモデルを思い浮かべる人もいるでしょう。僕自身コレクション（本来は各洋服ブランドの春夏と秋冬の新作のことだけれど、ファッションショーそのものもこう呼ぶ。ここではショーのこと）のリポートを書く仕事をした経験があります。メンズのコレクションを見るのが目的でしたが、女性服のコレクションも何回か見たことがあります。そこに登場する女性モデルたちは、確かにやせていました。それは洋服をきれいに見せるためです。彼女自身をきれいに見せるのは、二番目の目的なのです。

ということは、少し乱暴に言ってしまうと、彼女たちは動くハンガーなわけです。やせていて当然です。でも、コレクションの舞台で見栄えするモデルが、街でもかっこよく見えるかというと、決してそうではありません。街中の彼女たちはやせすぎに見えるのです。

ですから、モデル（写真のモデルや雑誌のモデルではなく、ショーのモデル）の体型を理想とするのは、正しくはありません。また、最近の傾向としては単にやせているモデルを使うのではなく、あえてグラマー（いかにも女性らしい、豊かな胸、細いウエスト、張り出したヒップを持つ体型）なモデルを使うコレクションもあります。

◇「健康的＋グラマー」が男にとってはパーフェクト

男性はやせすぎの女性を魅力的とは思いません。

ダイエットのしすぎか、もともとそういう体なのか、ガリガリの女性を街で見かけることがあります。僕はなんて不健康な女性なんだろうかと、あまりいい気持ちがしません。

また、やせすぎの女性からは、女らしさをまったく感じません。それどころか中性的な印象が強く、そういう女性と一緒にいたいとも思いません。

特別な趣味の持ち主を除けば、大半の男性は太っている女性が嫌いなだけで、やせていればいいとは思わないのです。やせすぎるほどやせなくても、普通でいい、そう思っています。

僕個人の好みでは、シンクロをやっている女性の体型が理想です。彼女たちを見てやせていると思う人はいないでしょう。だからといって、太っているわけではありません。激しい運動をしているにもかかわらず、彼女たちがやせていないのは、水の中に長くいるために体に適度な脂肪がつくからです。

また、女性プロゴルファーやテニスプレーヤーも、やせているとは言えません。とても健康的な体型をしています。

僕が言いたいことはもうお分かりですよね。運動をしている女性の体型が、見た目から言っても健康的な面から言っても理想的なのです。運動しているからといって、筋肉もりもりなわけではないが、運動によって代謝機能が高いので太ってはいない。食事制限をして無理なダイエットなどをするよりも、運動をしてやせる方がずっといい。僕はそう思います。

もう一点ポイントがあります。

前にちょっと触れましたが、グラマーな体も男性好みなのです。女性らしさを感じられる体、セクシーな体、フェロモン全開の体、そういう体型に男性は弱い。やせたいと言う女性たちが、そのことをどう考えているのか聞いてみたいと思います。やせるのはウエストだけにしてほしい。それが男たちの本音です。胸やヒップまでやせてしまったら、ただのガリガリ体型です。そんな女性に性的な魅力を感じる男はいません。ところが、本人はやせているからいいんだと、自慢げにしていたりします。とんでもない勘違いです。

女性たちの勘違いは、単純にやせればいいと思い込む点です。そして、ダイエットに成功して脂肪を落としたものの、肝心の女性らしさまでなくしてしまう。やせているわけでも太っているわけでもなく、女らしさが感じられる体型。そんな女性を男性は求めているのです。

29 なぜ男たちは「占い」に興味がないのか?

男性が占いに興味を持たないのは、そこには理屈や論理的な説明がないからです。

山羊座の今日は、直感が働く日。そんな風に言われても、どうしてなのかという説明はどこにもありません。あなたの今日のラッキーカラーはピンクだから、ピンク色のネクタイをしましょうと言われても、なぜそうなのかについては説明がありません。それじゃあ、ピンク色のネクタイをしていこうと思う男は、十人中一人もいないでしょう。百人でやっと一人いるかどうかでしょう。

占いは信じるかどうかです。

でも、かなりの男性は占いが信じられない。どこかいかがわしいものだと思っています。占いでさえそうなのですから、霊的なものはもっと信じられません。

男には論理的な説明が必要なのです。

これこれこうだからああなってこうなる、という説明がないものは男は苦手なのです。

自分が買うクルマの色を選ぶとき、女性はぱっと見た印象で決めます。

男性は違います。

黒だったら、迫力があってフォーマルな感じがする、だから黒に決めよう。そんな風に、黒を選ぶちゃんとした理由が必要なのです。女性が黒を選ぶときは、黒がいいから黒にする。それだけです。でも、男性はいろいろと理由をつけて黒にします。

もともと、頭の構造が違うのでしょう。

占いをブランドもののバッグに代えても、同じことが言えます。

ブランドもののバッグを、男でも女でも好きな人は好きです。

同じブランドものでも、それの選び方は男と女ではかなり異なっています。

女性はバッグそのものの形や色を見て決めます。たとえそのブランドが好きだとしても、自分がぴんときた色や形のものでないと買い求めません。

男性はそのブランドの由来あるいは歴史を調べます。だからこのブランドはいいのだと、彼はまず頭で納得しようとします。そして、色や形にはあまりこだわりません。

むしろ、この色にしようかあの色にしようかと迷うほどです。

女性は由来や歴史よりも現物を先に見ます。というよりも、由来や歴史にはまったくと言っていいほど関心がありません。

こんな風に占いもブランドもののバッグも、男と女では受け止め方がまるで違うのです。

◇男に「占い」に興味を持たせられる?

ところが男性の中には、僕みたいに占い好きの男もたまにはいます。全体から見たら少数派ですが。じゃあ、僕は占いについてどう思っているのか? それを女性が知れば、占い嫌いの彼を占いに興味を持つように説得できるかもしれません。まあ、無理矢理彼を占い好きにする理由はどこにもないのですが。

僕は占いを、一つの参考意見だと思っています。

何かについて人に相談するのと同じです。

具体的な誰かに相談する代わりに、占いに書かれていることを相談の結果として受け入れるのです。

こうした方がいい。

占いからそうした意見を読み取るのです。

そして、どうしてそうなのかという説明は求めません。ピンク色のネクタイをとりあえずしてみる。それでいいと思っています。なぜピンクなのかはどうでもいい。僕はそう割り切ります。それよりも、ピンク色のネクタイをしたら何かいいことが起こるかもしれないと期待します。期待するだけではありません。悪いことが起こらないように注意します。そうすると、その日一日が充実したものとなります。

いいことが起こるようにするのは自分なのです。占いがそうしてくれるわけではありません。占いとは僕にとって、アドバイスをしてくれる親しい友人のようなものです。あるいは身近な家族のような存在かもしれません。

こんな風に解釈すれば、占いだって役に立てられるのです。占いなんて女性だけのものだと決めつけている男性に、僕の考え方を話してみてはどうでしょうか？　もしかしたら、彼の態度に少し変化が表れるかもしれません。

30 男がマニアックになりがちなのはどうして？

男性は一つのことに夢中になりやすい。何かについて掘り下げたくなるのも男の特徴の一つです。マニアという言葉から女性の姿を連想する人は、ほとんどいないでしょう。大多数が男の姿をイメージするはずです。コレクターという人種も男の方に多い。たとえば、ミニチュアカーのコレクターなどがいい例でしょう。物を集めたがるのも男性の方です。

僕自身にも、間違いなくマニアックなところがあります。つい最近もクルマのホイールとタイヤを替えました。妻にはそれが理解できない。もともとついていたホイールとタイヤでなんの問題もないのに、どうしてそんなことをするのか分からないようでした。

マニアの気持ちの中心にあるのは好奇心です。何かをもっといっぱい集めたい。それは好奇心です。つまり、マニアは好奇心旺盛な人種ということになります。確かに僕のケースも、ノーマルのタイヤとホイールで我慢していればいいものを、わざわざお金をかけて別のホイールとタイヤに変えたわけだから、それは好奇心がさせたと言えるのです。

じゃあ、女性には好奇心はないのか？

あります。

女性の好奇心は一つのことを掘り下げるのではなく、いろんなことをしたいという形になります。海外旅行もしたい、おいしいものも食べたい、ブランドもののバッグも欲しい、クルマも運転したい、ペットも飼いたい……と女性の興味は尽きることなく広がります。

男性は一つのことに興味を向ける。女性はいろんなことを知りたかったり経験したかったりします。一つなのかいっぱいなのか。深くなのか浅くなのか。そこのところが、男と女の違いだと僕は思います。男性と女性の価値観の相違といってもいいでしょう。そこが面白いところなのです。こうした違いは一体どこからくるのでしょうか？　それについて少し考えてみましょう。

男は研究熱心なのです。コレクターを例に取ると、自分が集めた物に関して、もっと別の物があるのではないかと思ってしまう。これだけではないはずだ。そう考えるのです。そして、彼のコレクションはますます増え続けるのです。

女性はそこまでしなくてもいいのにと、思うでしょう。それに使うお金を他の楽しみに使えばいいというのが女性の考え方です。ところが、男性はさらに追究したいと思います。それにお金を使うのを惜しいとは思わない。僕の場合でも、ホイールとタイヤが替わったら、クルマの乗り心地はどうなるのか、運転の感じには変化があるのか、そういうことを実際に体験したかったのです。

セックスに関しても、男性は研究熱心です。ですから、いろんな試みをしたがります。一般的に女性はそれに応じられるだけの寛容さを持っています。セックスを掘り下げようとする男と、それならそれをちゃんと受けて立つ女。それが男と女の関係の面白いところなのです。

◇〝男の趣味〟に理解のある女性は賢い

マニアックな男性とのつき合い方としては、二つの態度があります。

一つは女性もマニアになってしまうやり方。

つき合っている男性がバイク好きなのに合わせて、自分も大型バイクの免許を取るといったタイプです。しかし、これはかなりむずかしいでしょう。すべての女性がそこまで男性の趣味に合わせられるとは限りません。むしろ合わせられる女性は少ないと思います。

そうなると、男性の凝っているものごとに理解を示す方法しかありません。自分で大型バイクの免許までは取らないけれど、バイクについての知識ぐらいは身につける。そんな感じがいいのでは。

そして、マニアックな男性を見るのを楽しむぐらいの余裕が欲しいのです。バイクのショーには一緒についていきましょう。「あなた一人で行って」というのはよくありません。少しでもいいから理解を示しているのを、具体的な態度で示すべきです。それが一緒にバイク・ショーを見にいくことなのです。

こう見てくると、いかに男と女が違うのかがよく分かるはずです。最近は男と女に変わりはないと言いたがる人が出てきましたが、それは実につまらないものの考え方です。マニアックな男とそうでない女がいるから、世の中面白い。僕はそう思います。

第4章

聞きたかった彼、彼女の「SEXのこと」

～男の性、女の性

31 男の性欲って、女の性欲とどう違うの?

女性の性欲と男性の性欲が違うのは事実です。

女性だったら長期間セックスなしでも平気ですが、男性はそうはいきません。それは、本人が望む望まないとは無関係に男の体の中で精液がつくられてしまうからです。もちろん、それは自然に排泄されますが、若いうちは自然にそうなる以上の量の精液がつくられるのです。ですから、恋人のいない男性はオナニーをします。いや、恋人がいてもする男もいるほどです。それほど、男性の、特に若い男性の性欲は強いものです。

話が少し横道にずれますが、女性が異性といなくても困らない実例を出しましょう。僕は母親と仲のいい女性こそ(それも度を越した仲のよさです)、性欲のない(ないと言ったら嘘になるので、性欲を忘れた、と言い換えましょう)女性の実例としてぴったりだと思います。

彼女のような女性は、女同士でいつも行動しています。そんな関係に男が入り込むのは困難です。当然彼女に彼はいません。異性と出会うチャンスを自分からなくしているのですから。また、自分に性欲があるのにも、目をつぶっています。それでも、困らない。それは女性だからです。

また、女性はセックスに関して受け身だと言われてきました。男性が能動的なのに対して。しかし、本当にそうなのかは怪しい感じがします。女性が受け身なのではなく、女性は受け身でなくてはいけない、そう教えられてきたのではないでしょうか？

僕はそう思っています。なぜなら、女性にだってオナニーをする人がいるのですから。男性みたいにその回数は多くないにしても。ですから、母親と仲がよく彼のいない女性にまったく性欲がない、とは言えないのです。性欲を忘れてしまったというのも、実は嘘かもしれません。

それでも、男がずっといなくても平気でいられるのに、変わりはありません。そこのところは、男性はむしろうらやましいでしょう。自分の性欲の強さに悶々《もんもん》としている男性にとっては。中にはブレーキが利かずに、性犯罪を起こしてしまう男性だっているのですから。僕も男だから分かるのですが、若い頃の性欲の強さには自分でも手を焼くほどなのです。

◇〝男の性〟を知らないと、大人の女にはなれない

そんな男性とどうつき合ったらいいのでしょうか？

最初のデートでは体を許したらよくないという意見には、なんの根拠もありません。

そんな風にしたら軽い女だと思われる、それが一番の理由ですが、軽い軽くないというのは女性の自尊心の問題であって、女性が思うほどに男性は気にしません。複数のいろんな男性と簡単にセックスしてしまう女性のことを男は軽い女と言いますが、最初のデートで云々は関係ありません。

あなたがそうしたいと思ったなら、そうすればいいのです。自尊心は忘れましょう。

どうしても忘れられなければ、

「誰とでもこうするわけではないのよ」

と一言言っておけばいい。それも自分への言い訳でしかないのですが。

実際のセックスについても説明しておきましょう。セックスの場面では、彼に協力

してあげるのが女性の最も望ましい態度です。

「そんなこと、わたしにはとてもできないわ」

と言いたがる女性は（先に述べた母親と極端に仲のいい女性などがそうなのですが）、男性と恋愛してもおそらくうまくはいかないでしょう。彼女は男性の性欲の強さをけがらわしいと思うに違いありません。けがらわしいというのは、ずいぶん昔風の言い方ですが、彼女のようなタイプはどこか時代とずれている人なのです。

がむしゃらなセックスよりも、お互いに楽しめるセックスをするように、男性に仕向けましょう。それには、どんな風にしたら男性をじらすことができるかを研究します。じらすとは、男性を興奮させることです。男性の絶頂感は女性のそれとは違って射精の瞬間しかないので、射精するのをなるべく遅らせるのです。男性だってその方が快感が増すのです。

女性の側がじらせばじらすほど、男性はセックスを楽しむ時間を長引かせることができます。もちろん、いやがってじらすのではありません。その反対です。じらせばじらすほど、彼の期待感は高まります。もちろん性的な興奮だってピークに達します。自分も楽しもうという気持ちが大切です。

32 なぜ女はセックスについてのホンネを口に出さないのか?

まず、セックスの相性というのは本当にあるものなのか?

これについて説明しましょう。

確かにあります。

Aという男とセックスをしたときの反応と、Bという男とセックスをしたときの反応に違いがあることがあります。Aとのセックスでは、Bとのセックスのときのような反応がない。この場合相性がいいのはBの方です。Bとのセックスでは絶頂に達することができる。Aとのセックスではそれがない。実際にこうした違いを経験している女性もいます。

男性が相手の女性に、

「他の男の人とはこうはならなかった」

と言われれば、その男性は嬉しくなります。

この違いはどこに原因があるのでしょうか？

正直なところ分かりません。

男の上手下手も関係するでしょうが、それだけではない気がします。

二人の体の構造上の問題もあるでしょう。

心理的なもの（気持ち）もあるかもしれません。

いわゆる前戯での盛り上げに関係しているとも言えます。

頭で理解できるものではありません。

ある女性は、絶頂感についてこう言いました。

「体が覚えている」

と。

言葉では説明つかないから、彼女はそう言ったのです。

また、大人の女性でも絶頂感を味わったことのない人は、結構いっぱいいるものです。

こうなると、セックスの相性はとても神秘的なものと言わざるをえないのです。

◇大切なのは、相性より〝ちょっとした工夫〟

結論から先に言ってしまうと、相手の男性に気に入られようとして、演技をするのはよくないと僕は思います。

男性はそれを本気だと誤解するからです。男には本気と演技の区別がつかないのです。よほどの経験者でないと、その違いを見抜くのはむずかしい。男性はとりあえず射精できれば満足するからです。満足したからといって、相性がいいとは言えません。

僕はある女性にセックスの相性についての話をされたことがあります。彼女はそういうものは確かにあると言いました。じゃあそれを自分の相手に言うかとなると怪しい。その彼女もそれは言ってなかったようです。もちろん、相手の男性に気を使って正直に言わなかったのですが。そんな気は使わない方がいい。よくないものはよくないと、男性に言ってもかまわない。彼をだまし続けるよりはずっといい。また、最初のうちはよくなくても回数を重ねるうちによくなるケースもあります。

そういうことも含めて、女性はセックスに関してもっと正直であってほしい。これが僕の女性たちへのお願いです。どうもセックスに関してはいまだに女性たちは、本音をなかなか言わないようです。「セックスしなくても男性とベッドで一緒に寝ているだけでいい」というせりふは、男を感動させたりはしません。それは女性の自己満足（あるいは自己愛）にすぎないのです。

セックスを楽しむというところにポイントを置けば、女性もセックスの相性が重要だと思うはずです。僕はこう提案したい。セックスについてカップルはもっと話し合うべきだ、と。

どうしたら、二人がもっと楽しめるのかを話すのです。セックスするときにも、工夫が必要です。二人でアイディアを出し合えばいい。そこまでしないで相性がどうのこうのと言っても、あまり意味がないと思います。ところが現実には、恥ずかしいのかくだらないと思うのか、話し合うカップルは少ないのです。

また、どこまでセックスに没頭できるかも関係してきます。セックスという行為が好きなら夢中になれますが、心のどこかでそれを拒んでいるようだったら没頭はできません。セックスにブレーキがかかってしまうからです。

たかがセックスされどセックスというところでしょうか。

33 男はなぜ愛情がなくてもセックスしたがるのか?

愛情とセックスを切り離せるのが男です。

そんな風に言うと、「ずいぶん都合のいい話じゃないの?」と、女性たちの反感を買うでしょう。

でも、性欲が高まってしまったとき、すぐそばに彼女がいなかったら、他の女性でもいいと思うのが男なのです。

なんて汚らしい!

と、女性読者からは叱られるでしょう。

これは男になってみないと分からないと思う。

そして、いわゆる浮気とはまた別のことです。

プロの女性との関係も浮気だ、そう非難する女性がいるのも僕は知っています。その上で、それは違うと反論したい。

何しろ愛情ゼロなんだから、浮気であるわけがない。じゃあ何なんだ？　むずかしい質問です。単なる性欲の処理、そう言っておきましょう。つまり、自分でするオナニーと大して変わらないのです。正直なところ、それはもう味気ないものです。なのにそういう場所に男は行くのです。しかも、妻や恋人がいるにもかかわらず。きっと女性たちには想像もつかないでしょう。永遠の謎かもしれません。

浮気との違いはどこにあるのか、説明されたけれど分かったようで分からない。そんな女性のために、もう少し詳しく説明します。

浮気は何かと面倒です。ややこしい。浮気という言葉に気の文字が入っているように、気持ちが動くのですから疲れます。性欲処理という点ではプロの女性を相手にするのと同じですが、気持ちが入るだけ楽しいと同時に厄介《やっかい》なのです。相手の女性に対して愛情に似たものが生まれるからです。

それに比べたら、風俗に行って処理するのは、とても簡単です。好きだの嫌いだのと言う必要がないからです。

ということは、相手の女性を物のように扱っているの？

鋭い質問です。

まさにその通りです。

オナニーよりはいいけれど、妻や恋人を相手にするのよりはずっとよくない。

そんな感じです。

◇「風俗に行く男」――女はどう見る？

だったらどうして風俗に行くのか？

僕は、味気ないとかよくないとか言いましたが、そこには少しばかり嘘があったのを白状します。風俗の場合セックスそのものができないケースもあります。キスもさせないのが習慣となっています。じゃあ、一体何をするのか？

その代わりに女性の側がいろいろとサービスをします。そのサービスはお金を取るためのものなので、あれこれ工夫が凝らされています。男の側は何もしなくてもいい。向こうが全部やってくれます。それは妻や恋人相手ではありえないことです。

最近は風俗と同じことを恋人に要求して嫌われる男もいるようですが。それはともかくとして、普通一般の女性にはとても無理なこと。それをやってくれるので、男たちはついそういう所に通いたくなってしまう。これぞ、男の性《さが》というのでしょう。さがとは、生まれつきの性質という意味です。

女性から一種のもてなしを受けるわけですから、男性はそれなりに満足します。満足して我に返ると虚しい気分になります。いくらそうしてくれても、相手はお金のためにやっているのですから、そこには気持ちの通い合いなどありません。ややこしくなく、また面倒でもない代わりに、気持ちの上での満足はない。

誤解しないでほしいのは、男なら皆がそういう場所に行くわけではないことです。そういう所が嫌いな男性もいます。だからといって、そういう男が真面目かどうかは別です。これは真面目不真面目とは関係ないのです。風俗に行くから、あの人は真面目じゃない。そうは言い切れない。女性はそんな風に単純に思いがちですが、それは間違っています。

風俗に行く勇気がなくて行かない男もいます。その代わりに痴漢にでもなるくらいなら、風俗にでも行ってくれた方がよっぽどいいという言い方もできます。

そこまで言える女性になるためには、かなり人生経験を積まないとむずかしいと思いますが。

34 〝セックスの途中〟に男が考えていることって？

多くの男は性欲のおもむくままにセックスをしているように見えますが、内心ではこれでいいのだろうかと心配しています。もちろん、文字通り性欲のおもむくままに激しいセックスをして、女性のことなどろくに考えない男もいます。でも、それは彼が若すぎるからです。相手の立場を考える余裕がないのです。ずばり言ってしまうと、女性の中に精液を出すことだけで精一杯なのです。

また、若いのに妙に余裕があるというのもおかしなものです。相手が体験の少ない若い男性の場合は、女性の側がそのことを理解してあげましょう。そして、やんわりと、「あなただけが楽しんでいて、わたしはつまらない」と注文をつけるのです。そう言っても男性は傷つきません。それで傷つくような男性は、自分のことしか考えていないので、彼としては不適格です。

僕のような年齢の高い男からしたら、激しくセックスができる若い男性が少しうらやましくもあります。これは余談なので適当に聞き流してください。

さて、内心では心配している男性に話を戻しましょう。男性も体験がだんだん豊富になってくるに従って、自分のやり方が正しいのかどうか気にするようになります。これで相手は本当に喜んでいるのだろうか？　女性が喜ぶセックスとはどんなものなのか？　本当は聞きたいのですが、口に出してそうは言いません。どうしてかというと、つまらないプライドを持っているからです。自分はセックスに関して女性をリードする立場なんだと、ほとんどの男性は思っています。だから、今さら女性に聞けないというのが本音です。

◇男は〝注文〟をつけられたほうが燃えるもの

「分からないのなら、聞けばいいのに」

と、女性の皆さんは言うでしょう。

しかし、大半の男たちは、セックスに関してあなたが思っている以上に繊細なのです。行為は荒々しいのに繊細とはどういうことか。それは、体と心が裏腹だということで、女性にちょっとでもセックスについてけなされると、もう立ち直れないぐらいにショックを受けるのです。

「下手ねえ」

などと言われようものなら、男性はがっくりきます。二度と立ち直れない状態になります。オーバーに言っているのではありません。一方では欲望をむき出しにするくせに、女性にちょっと言われただけでしょんぼりする。男とはそういう動物だと知っておいてください。

また、

「もっと優しくして」

は、いいのですが、

「痛い!」

と言われると、一気に自信をなくします。

本当に痛いのだから痛いと言ってどこが悪いと、女性たちは思うでしょうが、その言葉は男性を加害者のような気分にさせるのです。ですから、遠回しに「優しくして」と言います。

さらに、女性側の注文を素直に言わなければなりません。こんなこと言って変に思われないだろうかなどの心配はいりません。男性もそういうことははっきり言ってもらった方がいいのです。好きな体位とか、性感帯とか、どんな触れられ方がいいのかとか、とても普段は口にできないようなことまで男性に告げましょう。「痛い」と言われると傷つく男性も、女性の希望には「よし、頑張るぞ」と張り切ります。女性が喜ぶのを見て男性も喜ぶのですから。

もう一点大切なことを忘れていました。

それはベッドに入る前のデートの段階でのことです。まずは、セックスだけが目的のデートを女性は好まない、食事もそこそこにホテルに直行なんて悲しいと、はっきり言っておきましょう。それにはセックス以外のデートでの楽しみを女性の側から提案することです。

「今度できた水族館、すごいらしいわよ」

などと、男性を誘いましょう。

セックスは愛情表現の一部であると、男性に分からせるのは女性の役目だと思ってください。

35 ベットで相手のことをあまり思いやらない男が増えているのはなぜ？

セックスのとき女性にいろいろとされるばかりの男性が、近頃多くなったと聞きます。僕に言わせれば、そうなる理由の一つは、セックスの経験の少なさです。彼自身どうしていいのか分からないのです。その結果、女性にされるだけということになります。

また、セックスに淡泊な男性も、どちらかというと女性に奉仕させるようです。このタイプの男性も女性にいろいろとしてあげる気がほとんどありません。

いろいろとかゆいところに手が届くようにしてくれた女性が過去にいた。そんな男性もまた、セックスのときにいろいろとするのは女性の側だと思い込んでいます。あまりにも世話焼きな女性とセックスしたばかりに、自分では何もしなくてもいいのだと勘違いしてしまったのです。

特にこうした傾向は若い男ほど強いように思えます。極端に言うと彼らはセックスが面倒なのではないでしょうか？　もちろん若いから性欲は強いのだけれど、自分の方から女性を楽しませるのは面倒なのです。

ぼやっとしている若い男性が多いとよく言われますが、そのぼやっとした態度をなんとセックスの場面でも出してしまう。冗談ではなく本当にそうなのです。女性の方が男性をどうしたら喜ばせることができるかといろいろと研究して、あの手この手を使うので、男は自分では何もしないでいいと思ってしまうのでしょう。

ベッドの上にただごろんと横たわっているのを俗にまぐろ状態（魚河岸に上げられたまぐろの状態）と言いますが、昔それは経験の少ない女性に使われたのに、今は男性に使われるのですから、驚くしかありません。

おそらくそうしたサービスをするプロの女性にも、原因があるように思えます。何しろ彼女たちはプロなので、あらゆるテクニックを駆使して男を気持ちよくさせます。その際、男たちは何もしなくていい。されるがままにしていればいいのです。

同じことを自分の恋人もしてくれると錯覚する男たちがいるのでしょう。

でも、プロと恋人は根本的に違います。プロはサービスする義務が百パーセントありますが、恋人には五十パーセントしかありません。残りの五十は男がサービスするのです。そこのところに気づいていない男たちが多いのが問題なのです。

また、ポルノビデオにも問題ありという人もいます。そこでも、男性が一方的に女性に奉仕される場面が多いからです。それを見た無知な男は、男はサービスされる側と思い込んでしまう。困ったものです。

◇男たちを〝教育〟するのも女性たちの役目!?

こうなったら、女性の側から男性にどんどん注文を出すしかありません。
まず、どうされれば気持ちがいいのかを、ちゃんと言葉で伝えるようにしましょう。
そうでないと、まぐろ男はずっとまぐろのままです。
恥ずかしがらないことです。どんな注文をしてもいいと僕は思います。
以前の男たちはいろいろと研究しました。どうやったら女性が気持ちいいのかを。
そして、いろいろと実地で試したものです。
ところが、最近の若い男性はあまり研究熱心ではないようです。
自分だけ気持ちよくなればいいと、男たちは思っているに違いありません。でも、相手の女性が気持ちよくなるのが、男にとっても楽しいのだと知らせる必要があります。そのためには多少の演技も必要です。

かなりオーバーに女性が喜びを演じれば、どんな鈍感な男性でも気がつくでしょう。そうか、女性というのはこうすれば気持ちいいんだ、と。

女性たちは昔に比べセクシーになったと言われているけれど、それは男性を喜ばせる技術が上達したという意味なのでしょう。自分自身の絶頂に関しては、まだ体験したことがないという女性も結構います。なんとも不幸ではありませんか。男たちのだらしなさに、僕は歯がゆい思いをします。

女性が強くなったという意味は、そういう事情を含んでいるのでしょう。男が女を抱くというよりは、女が男を抱くという感じさえします。受け身一辺倒の女性から積極的で能動的な女性になったのは喜ばしいのですが、その現状がこれまでに述べたきたようだとすると喜んでばかりはいられません。

女性による男性への教育。それに頼るしかありません。大変な時代になったものだと、正直なところ僕はあきれています。

36 女性からの「エッチOK」のサインは？

男性の性欲は女性のそれよりも強い。特に若い男性のそれは、かなりのものだと思ってほしい。ところが、こんな初歩的な知識も知らない女性が多すぎる。彼女たちは誤解しています。男の性欲が強いのはすけべだからだと。すけべな男だから性欲が強いのだと。一度そう思い込んでしまった女性は、その考えを頑固に変えようとしない。

男性の性欲が強いのは……と書きかけて、そうでない男もいるのを思い出しました。何にでも例外はある。だから、性欲のあまり強くない淡泊な男がいることにも触れておきます。

彼らは男全体から見たら、間違いなく少数派です。たまたま最初にそういう男性とつき合った女性は、それが普通だと思ってしまう。そして、二番目の男が一番目の男よりも性欲が強かったら、それはその男がすけべだからと誤解する。初歩的な知識のなさがそうした誤解を生んでしまうのです。

そして困ったことに、淡泊な男を優しい男性と勘違いする女性がいる事実です。その男が単に性欲が弱いだけなのに、それを優しさだと思うのです。そんな男と比べられて、「あなたはいやらしい」などと言われる男はとても可哀想。僕は同情します。また、淡泊ではなく勇気のない男も優しいと誤解されやすい。本当はセックスしたいのに気が弱くてできない。それが女性たちからすると、優しい男性に見えてしまうのです。僕に言わせれば、煮え切らない、はっきりしない男なだけなのに。

そうした男たちは別にして一般的な男性というのは、特に若い男というのは性欲が強い。それは彼がすけべだからではなく、彼の体がそうなっているからです。男がセックスしたいと強く思うのは、体がそうしたいと求めているからです。性欲が強いのは彼のせいではありません。彼の体のせいです。真面目で誠実な男でも体はセックスしたいと思っています。

真面目で誠実なことと、性欲が強いこととはなんの関係もありません。真面目だから性欲が弱いなどということはありえないのです。逆に不真面目だから性欲が強いなどということもありません。性欲が強いのは男の体がそうなっているから。そう心得てほしい。そうすれば、レイプなどの被害も少なくなるはずです。

実際にそうした事件が減らないのは、女性たちが男性たちの性欲を甘く見ているからです。性欲の強い男なんて一部の男だからと、彼女たちはたかをくっています。それがとんでもない間違いだと早く気づいてほしいと僕は願います。

◇部屋に入れたのに、セックスを拒むのはなぜ?

女性の部屋に行きたがる男性の頭の中には一つのことしかありません。

彼女とのセックスです。

それしかないのです。

もちろん、そうしたそぶりを最初から見せる男性はいません。そんなことをしたら、女性に嫌われるのはどんな男性だって知っています。ですから、自分の性欲は隠します。隠しつつも女性の部屋に行きたいと思います。部屋に入ってさえしまえば、セックスできるとほとんどの男は考えます。

アメリカでは男性を自分の部屋に入れること=彼とのセックスに同意していると、解釈されます。日本ではそのへんがまだ曖昧《あいまい》です。女性が弱いものだという、現実とはかなり隔たりのある考えが、いまだにまかり通っているからでしょう。女性が十分に強くなったにもかかわらず、セックスに関しては一方的に被害者の立場になるのは男性として納得いきません。

部屋に入れてくれたのにセックスを拒むくらいだったら、最初から部屋に入れない方がずっといい。部屋に入れたからといってセックスしようとするのは、すけべだからという言い訳をするのは男にはどうしても理解できません。

部屋に入れるというのは、一種の合図だと思ってください。言葉では恥ずかしくて言えないから部屋に入れるという行為で言葉の代わりにする、そういうことなのです。

部屋に入れたとたんに彼が豹変した。そんな風に驚きを表現する女性もいますが、むしろ男としては当然の反応ではないかと思います。彼としては自分の彼女がオーケーしたのだと思っているのですから。

男も女も同じ判断基準を持つべきです。男性は部屋に入れてもらったからオーケーと思い、女性の側にはそんな気持ちがまったくない。これではトラブルが生じるのは当然です。お互いの意見を一致させておきましょう。特に女性の側にそのへんをしっかりと意識してもらいたい。

37 男が「エッチな話」が好きな理由とは？

女性よりも男性の方が、猥談《わいだん》好き。これはまさしくその通りです。男の僕でもあきれるくらい、男たちは猥談を好みます。

そして、そういう話をしているときは、皆の表情が生き生きしています。他愛ないと言えば他愛ないのですが、男たちにとっては、一つのレクリエーションのようなものです。

男のつき合いの意味もあります。エッチな話に加わらないと、男として仲間はずれにされるような心配もあります。それにエッチな話を面白おかしく話す男の方が、仲間内で一目置かれるところもあります。

女性からしたらくだらない（あるいは、子供っぽい）かもしれませんが、男というのは、妙なところで自分を優位に立たせたいのです。ですから、男の猥談は自慢話でもあるのです。自分はこんな体験をしたんだというのが、他の男たちへのアピールとなります。

しかも、こういう話には脚色がつきものです。実体験をもとにいろいろと話をふくらませます。その方が面白くなるからです。一種の娯楽（エンタテイメント）としてとらえていると言ってもいいでしょう。かなり誇張された内容の方が聞いてる方は面白い。だから、話はどんどんエスカレートします。

そして、男性の猥談にはもう一つ条件があります。それは笑えるような内容であることです。面白おかしい。それが猥談なのです。実体験と言いましたが、必ずしもそうとは限りません。想像を話す場合だってあります。特にその場合に話がとんでもない方向に発展します。そうなればなるほど、男たちは笑えるのです。

エッチな話になると普段想像力の乏《とぼ》しい男でも、なぜかイマジネーションが豊かになります。不思議なんだけど実際にそうです。こういうことは、女性たちの間ではあまりないと思います。

女性だってエッチな話をしますが、それは男性のよりもリアルでストレートです。だから、皆で大笑いするといった風にはなりません。なんだかくそ真面目な猥談です。男が聞いたらもちろん笑えないでしょう。

どうしてそうなるかというと、男はセックスに関する様々な場面を、客観視できるからでしょう。体は裸なのに足に靴下をはいていたと、自分のセックスを笑いながら僕に話した男がいました。そのとき、女性はそんなことはどうでもいいという状態のはずです。男が靴下をはいたままだろうと、夢中になっている彼女には関係ありません。男性はそんなときでも自分を客観的に見てしまう。女性のように没頭できない。損と言えば損な役回りです。でも、だからこそ、男たちからは猥談が生まれるのです。笑い話としての猥談が。

◇男たちの猥談は適当にあしらうのがベスト

男たちがエッチな話を始めたとき、たまたまそこに居合わせたら、女性はどんな態度を取ったらいいのか?

女性にはなかなかむずかしい設問です。

まさか、一緒になって大笑いするわけにもいかないでしょう。

また、女性によっては、セクハラだと怒り出すかもしれません。それもあまりに大人げない態度だと思います。

そういうときは、にこにこしながら、男たちの話を聞いてるのが一番いいでしょう。子供たちが遊んでいるのを見守るお母さんのように。そうした寛容さが求められます。また、女性がいるとなると、わざと話を女性にふってくる男もいるはずです。そんなときは、適当にあしらうしか方法がありません。適当にというのは、ユーモアを込めてという意味ですが。

「ところで、君、何カップなの？」

などと聞かれたら、大真面目に答える必要はありません。

「マグカップ……あら、違ったかしら」

などと、上手にはぐらかした女性がいました。

そうすれば、男たちはそれ以上追及してきません。反対に真面目に答えたら、男たちはそれを話題にしたがります。

女性に男性の猥談を分かってほしいとは言いません。女性がいくら進化したとしても、それは永遠に分からないでしょう。そこに男と女の違いがあります。そして、違いがあるからこそ、お互いに異性に惹《ひ》かれ合うのではないでしょうか。

38 なぜ男は「自分の妻や恋人だけは別」と思っている？

男は自分が浮気をするくせに、女が二股をかけるのはめったにないことだと思っています。特に女性をよく知らない若い男性はそう思っている。

女性だって人間なんだから他の男性をいいと思うことだってある。そうはなかなか思えないのが男というものです。

また、男性の頭の中には、女性は一途というイメージがあります。一人の男につくす女こそ理想。

そんな、女性たちからしたら、夢みたいなことを本気で考えています。

男のロマンという言葉があるけれど、一途な女というのもその一つかもしれません。男のロマンとは男の夢です。もちろん実際に一途な女性がいるのは事実です。

しかし、その一途な女性だって男に裏切られれば、一途ではなくなります。そうなっても一途な女性は一途なんだというのが、男の自分勝手な思い込みなのです。それを男のロマンなどと呼んでいるのですから、男というのはずいぶんいい気なものです。女性に対してはどこまでも理想を押しつけようとする男の身勝手に対して、女性たちも対抗しようとします。それで二股を楽しむのかもしれません。

男にとっての浮気がわくわくするものであるのと同じように、女にとっての二股も楽しくてたまらないはずです。女性は浮気ができないとか、二股をかけてもすぐにばれてしまうなどと言われてきましたが、それもまた男性たちの勝手な思い込みから生まれた言葉です。

僕自身は、女性が二股をかける気持ちがよく理解できます。

なぜなら、一人の男性にすべてを求めようとするのは不可能だからです。

Aという男にあってBという男にはない魅力。反対にBにあってAにはない魅力。そうした魅力をAならA一人に要求するのは、所詮無理な話です。

だから、女性だって二人の違う男性とつき合うのです。モラルの点でどうかと思う、そう思うのなら二股をかけなければいいだけの話で、そう思わないのなら二股をかければいい。僕はそう思います。

◇恋には、それぞれ〝秘密の守り方〟がある

二股にもルールがあります。

それは、女性に彼がいるのを知っている男性と、そうでない男性とをきっちり区別すること。Aとつき合っているときにBを知った。そしてBは彼女にAという男性がいるのを知っている。Bは強引に彼女を誘ったのです。自分に彼がいても強引な男性に弱いところが女性にはあります。この場合、Aには絶対にBの存在を知られないようにしなければなりません。でも、AがBを知っているのは大いに利用すればいい。

Bとデートをする。そして、繁華街を歩いていて、Bにこんな風に言う。

「この近くのSデパートでAがバイトしてるの。スリルがあるでしょう」

Bはわくわくするはずです。Aに二人でいるところを見つかるかもしれない。そこで二人の気持ちは大いに盛り上がるのです。Bは女性にAがいるのを承知でつき合っているのだから、Bにはそのことを二人で楽しむつもりがあります。

また、こんなケースもあるでしょう。AはBの、BはAの、存在をお互いに知らな

い。この場合は、女性は二人の男性をコントロールしている満足感に浸れます。なんとなく優越感を味わいます。このときのルールは、秘密を守り通すことです。秘密がばれてしまったら、二人の男性をコントロールする満足感はなくなってしまいます。

二つのケースはまったく別のものです。混同すると大変なことになります。二股を楽しむのはゲームと同じです。ゲームが面白いのは、ルールがあるからです。ルールのないゲームはゲームとは言えません。

一口に二股と言っても、異なる二つの状況があって、それぞれに違う秘密の守り方がある。そう覚えておいてください。

二股をかける資格があるのは、恋愛上級者です。秘密が守れる人、それが恋愛上級者です。二股をかけていても平気なのではなく、秘密を守ろうとする強い意志を持っているのです。そういう女性こそが、二股をかけられる人なのです。

初級の女性が二股をかけると、間違いなく火傷《やけど》します。そういう人は二股をかけているのに有頂天になって、そのことを女友だちに話してしまうのです。そこから秘密がばれます。親しい女友だちにだって、二股のことは言っていけません。二股をかけたことで気が大きくなるようでは、二股をかけることはできません。

39 なぜ男たちは、浮気をしたがるのか?

男の浮気の理由となるのは、彼が持っている好奇心です。つまり、現在つき合っている彼女に飽きたから浮気をするのではなく、他の女性は彼女とどう違うのかを知りたいのです。こんな風に書くとほとんどの女性は、僕が男の浮気を正当化していると非難するに違いない。でも、僕はそんなつもりで言っているのではない。

いろんな女性を知りたいと思うのが、男の本能なのだと言いたい。最近は女性も浮気するようになった。そして、男性からそのことを問いつめられると、決まって「好奇心で」などと答える。なんのことはない、男が浮気するのと同じ理由なのです。

女性だってもともとの彼に魅力を感じなくなったり飽きたりしたから、浮気をするわけではない。彼以外の男性はどうなんだろうかという興味から浮気をするのです。

最近になって、そういう実例が以前よりも多く見られるようになった。しかも、その場合、女性は一回きりの関係と決めている。そして、何ごともなかったように、彼の前で振る舞う。だから、女性の浮気は男に知られることがほとんどない。

男性は浮気性だと責める女性に、こんな質問をしたい。

「あなたは彼とデートしているときに、他の男性をまったく見ないのですか？」

と。

もちろん自信を持って「見ない」と答える人もいるだろう。

でも、皆が皆そうではないはず。

どうしてそんな風に言えるかというと、僕自身が次のような経験をしばしばするからです。男性と並んで歩いている女性がいる。彼女が可愛かったりすると、つい見てしまう。だからって何も起こりはしないのだけれど、ちらっと彼女に視線を送ることがある。彼氏のいる女性でも魅力的な人なら、つい見てしまうものです。そんなとき、こちらも女性といたりすると、後でいろいろややこしくなるので、連れの女性には分からないようにその女性を見る。すると、ほとんどの女性は、まるでお返しをするようにこちらを見ます。そして、一緒にいる男性はそれには気づかないのです。

女性だって彼以外の男性にまったく興味がないわけではない。その証拠がここにあるのです。男も女も自分の相手以外の異性に関心がある。そう言ってもいいでしょう。

そして、男の浮気もスタート地点はそこにあるのです。

男性の好奇心の中身は実に他愛のないもので、女性たちからしたら子供みたいと言われそうなことです。セックスのときの反応が、自分の彼女とはどんな風に違うのだろうか？　それを男は知りたいのです。

あるいは、自分の彼女よりも胸が大きいとか、肉付きがいいとか、そうした違いを見つけて喜ぶのです。子供っぽいと同時に、動物的でもある言った方が正しいかもしれません。

◇経験人数を自慢したがるバカもいる

男が浮気するもう一つの理由は、数を自慢したいという、これまた子供っぽい気持ちにあります。数とは、自分が経験した女性の数です。まるで子供が自分の持っている玩具の数を自慢するようなものです。そして、他の子よりも多いと自己満足します。女性のコレクションを増やしたい。そんな感じです。

数を増やそうすると、どうしても浮気をしないと無理です。次々に女性遍歴を繰り返して数を増やすよりは、浮気の方がずっとお手軽です。それはあなたにも分かるはずです。彼女を取り替えていくには、それなりのエネルギーが必要です。ところが、浮気なら気軽だし、いちいち真剣にならなくて済みます。

僕自身は別に気取るわけではないのですが、数自慢には興味がありません。ところが、世の中には数自慢したがる男が多いのです。僕の知人にもそういう男性がいます。彼は得意げに経験した女性の数を僕に言います。この数自慢もまた男の本能と関係があるという説もあります。精子ばらまき説とでも言いましょうか、自分の子供をあちこちにつくっておきたいという、オスとしての本能だという説明です。しかし、そうなると、ますます相手の女性に対する愛情とは無関係です。目的は自分の子供なのですから。

いずれにしても、数自慢は男の僕からしても、実にくだらない自慢だと思います。それは、他の男よりも金を多く持っているという自慢に似ているからです。ただし、僕のように数自慢がくだらないと思っている男が、浮気をしないのかというとそれは違います。自慢しないだけで浮気はします。男というのは本当に困った生き物なのです。だから、浮気を認めろと言うつもりはありませんが。

第5章

「二人の距離」が近づくとき、離れるとき

～男の本音、女の本音

40 女はなぜ〝男を困らせる質問〟をするのか？

男性を困らせるような質問を、どうして女性はしたがるのでしょう？

仕事と彼女。男のつき合いと彼女。それぞれどちらを取るのかなんて聞かれても、男は困るだけです。

といっても、内心では答えは決まっています。

仕事、男のつき合い。

これが答えです。

仕事は男の基本です。

ここでの基本とは、大切なものという意味です。

いい仕事をしたい。

そう思えないような男は、はっきり言ってろくな男ではありません。

そして、いい仕事をするためには、時にはあなたとのデートをドタキャンする場合だってあります。仕事は予定通りに進まないからです。何が起こるか分かりません。すべてが予測可能なら、誰も仕事で悩んだりはしません。予期せぬトラブルが起こったから、あなたとのデートがキャンセルされるのです。

いい仕事がその男性を魅力的にするのです。

いい仕事ができていれば、あなたとのデートも充実したものになります。デート中の彼は生き生きしているでしょう。とても魅力的に見えるはずです。でも、仕事に熱中できないような男性は、あなたとのデートを欲求不満のはけ口にします。そんなデートが楽しいでしょうか？　楽しいわけがありません。

ですから、突然のキャンセルに対して、不平や不満をくどくどと言わないことです。「寂しいけど、次のデートを楽しみにしてます」などと、彼の仕事を認める言い方をしましょう。

◇こんな〝へりくつ〟が彼を困らせる

男のつき合いは、ずばり彼にとっての息抜きです。

「わたしといるときの方が、息抜きじゃないの？」

と、怒らないでください。

異性といると、それが自分の彼女だとしても、男性は結構気を使っています。何でも言い合える関係と言っても、異性に対してはあけすけに言えないことだってあります。

あなただってそうだと思います。

女性だけのグループでのお喋《しゃべ》りと、そこに男性がいるときのお喋り、同じではないはずです。女性だけだったら、好きなことが言えます。くだらない愚痴《ぐち》でも何でもいくらでも喋れるでしょう。誰にも気兼ねしないで。

ところが、男性がそこに一人でもいると、そうはいきません。こんなこと言ってくだらないと思われはしないかと、少し身構えてしまいます。

ましてや、一対一の関係で男性と向き合ったら、相手に嫌われないようにとそのことばかりが頭にあるはずです。すると、楽しいはずのデートが実は緊張の連続だったりします。

そして、それは男性だって同じです。彼もまた緊張しています。変なことを言って彼女を怒らせたりしたら大変だ、と彼も内心では構えているのです。

男女関係には、利害に似たものが絡んできます。男も女も口にこそ出しませんが、

「この相手とつき合っていくことのプラスとは？」

と思っています。

打算でつき合うわけではないのですが、男も女も自分にとって相手の存在がどういう意味を持つのか気にします。それは当然であって、決して悪いことではありませんが、気疲れするのも事実です。

それに比べたら、くだらないことでも何でも言い合える同性の仲間といるときは、気持ちがかなり楽なのです。相手に気兼ねをしないで済むからです。女性が女同士で気軽にお喋りを楽しむように、男性も男同士でバカを言い合って楽しみたい。それが男たちの本音です。

男性にそうした機会を与えてあげられる女性は、賢い女性だと思います。そうしたリラックスした時間があれば、女性とのデートが新鮮なものとなるからです。

つまりは、あなたのためにもなるのですから、男のつき合いを大いにさせてあげましょう。

41 男はなぜ、〝彼女の思い出〟を捨てられないのか？

女性は別れた男性に関係のあるものを、普通は処分してしまう。高価なものならばお金に換えるなどして。彼と写っている写真などは燃やしてしまうこともある。きっぱりと過去と決別するのが女性。反対に男性はそこまではっきり決別できない。

でも、本当にそうなんだろうか？

確かに女性の方がはっきりと決別しているように思える。

でも、物を自分の前からなくすというのは、そうしないと元彼との関係を断ち切れない証拠とも言えます。

逆の言い方をすると、元彼に関係のある物が身近にあれば、いつまで経ってもその男のことを忘れられないのです。

だからこそ、前の男性に関係のある物を全部、自分のそばからなくすようにするのではないか。僕はそう考えます。なくなりさえすれば、元彼のことはさっぱり忘れられる。単純というか現実的というか、そこのところはいかにも女性らしい。また、女性は潔癖だとも言えます。とにかく元彼に関係のある物は、いっさいなくしたい。そう思うのだから、かなり極端だと言えなくもない。

今つき合っている彼には、そんなことは黙っていれば分からない。どの指輪が元彼からのプレゼントだなんて、一目で見抜く男なんているわけがない。にもかかわらず、その指輪まで捨てようとするのは、僕たち男からしたらやはり潔癖すぎだと言わざるをえない。

ややヒステリックとさえ感じますが、そういうところがいかにも女性らしいとも言えます。

◇未練と思い出は違う、という男の考え

男にはそういうところはありません。

鈍感だから前の彼女に関係する物を捨てないわけではありません。もちろん、今つき合っている彼女に対して意地悪をしているつもりもありません。

男性は物が残っていても、元彼女に対しての未練は簡単に断ち切れます。物があるからどう、なくせばどう。そこにあまり違いはないのです。

それともう一つは、未練はなくても思い出は残る、という点があります。女性だって未練を断ち切るために物を捨てるわけですが、思い出まで捨てているのでしょうか？　おそらくそれは捨ててないような気が、僕にはします。

また、そのことを責めるつもりは男にはありません。

男が以前の彼女に関係のある物を捨てようとしないのは、それが未練だからではなく単なる思い出となっているからです。

でも、それを捨ててほしいと男性に言う女性もいます。言われれば捨てますが、だからといって思い出まで捨てるつもりはありません。元彼女の思い出が現在の彼女への裏切りだと思う男は、一人もいないでしょう。僕自身そんな風に思ったことは一度もありません。

反対に自分の彼女が元彼の思い出を持っていたとしても、男はそれを責めたりはしません。未練は困るけど、思い出はしかたのないものです。男はこんな風に、未練と思い出をはっきり区別しています。それゆえ、思い出の品を取っておいてどこが悪いのか、と言いたいのです。女性がいやがるほどの物なのか、男性には理解できません。

女性は自分がそうだから、男性もそうなんだと決めつけているようです。つまり、自分が元彼の思い出の品があると未練を断ち切れないから、男性だって同じように元彼女の思い出の品があると未練を断ち切れないに違いない、そう思っているのでしょう。そこで、誤解が生まれます。

思い出ぐらいいいじゃないか、というのが男性の軽い気持ちなのに対し、女性はその品物があるのをとても重く受け止めるのです。男と女の間には深くて暗い河がある、という昔の歌がありましたが、それは今でも変わらないようです。

なかなか元彼女に関する物を捨てようとしない男には、女性はこれこうなんだからと説明する必要があります。そうでないと、お互いの誤解がますます大きくなってしまうでしょう。男と女の違いを分かりやすく話せば、彼だって納得するはずです。

そして、男性が元彼女に関する物を捨てたとしても、彼の心の中に元彼女との思い出は残ります。そのことは認めましょう。人の心までコントロールするのは、いいことは言えません。また、コントロールできたと思っても、実はできてないのが現実です。

42 女が求める「男のやさしさ」ってどんなもの?

優しい人。

どんな男性が理想かと聞かれて、多くの女性が必ず答えるのがこの言葉。でも、優しいってどういうことなのか、分かるようで分からない。重い荷物を女性が持っていたら、それを持ってあげるのは優しさでしょう。そういうのは分かりやすい優しさかもしれません。

普通、女性は目に見える優しさを第一に考えます。アメリカ人男性のレディファーストの習慣なども、その優しさになるのでしょう。ところが、先に歩かせてくれれば優しいのかと、僕は疑問に思います。それはか弱い女性を守るというところから来ているのでしょうが、男女均等の世の中で一方的に女性が弱いというのも少しおかしいのでは。重い荷物のケースですが、世の中には筋力の弱い男性もいるし、そんなときは代わりに女性が持ってあげる方が優しさではないのか。別に屁理屈を言うつもりはありません。想像するに、女性たちの多くは女性である自分は男性に優しくされる権利がある、そう思っているのではないのでしょうか。

男は優しくする人。

女は優しくされる人。

どうもそうした図式ができ上がっているような気がします。

男性だって女性に優しくされたい。それが男たちの本音です。なのに、自分は優しくする側にされてしまう。納得がいきません。お互いに相手に優しいことが大切だと思います。優しさとは、つまるところ思いやりのことです。それを優しさと言ってしまうから、何か男だけに求められる条件のように受け取られてしまう。ここは一つ、思いやりと言い換えましょう。

◇やさしくする・されるは表裏一体の関係

思いやりとなったら、話は簡単です。男性に優しさを求めるのなら、女性も男性を思いやらなければなりません。よく考えてみると、一方的な優しさというのはおかしなものです。

男からの思いやりの具体例とは、たとえば次のようなものでしょう。

力の弱い女性を助ける。感情的になりがちな女性に代わって、冷静にものごとを判断する。女性が疲れているときにはセックスしない。お酒に酔った女性を介抱する。女性がなかなか決められないとき、決断する。電車内で痴漢に遭っている女性を守る。女性の失敗を許す。女性の間違いを正す。

ほんの一例ですが、間違えてもらいたくないのは、何でもかんでも許すのが優しさではありません。ですから、女性の間違いを正すというのを入れました。

女性は感情的になって自分が間違ったのを認めない場合があります。そんなとき、女性を諭《さと》すのが男性の役目です。女性に間違ってもらいたくないという思いやりです。それこそ、男の優しさだと僕は思います。それが優しさだと思えない女性は、精神が幼稚だと言えるでしょう。優しさにはきびしさも含まれるのを、どうか忘れないでほしい。

ついでに男に対する思いやりについても書いておきましょう。

二人でいるときに男がだらっとしたいときには、そうさせてあげましょう。男は会社で緊張しているので、それを解く場所が必要です。

デートのとき男性が給料前でお金がなかったら、女性がデート費用を払ってあげましょう。どんなときでも男性がおごらなければならない。そんな法律はありません。

いつもおごられてばかりなら、たまにあげるプレゼントは思い切り豪華なものにする。一年に一度の彼の誕生日には、それぐらいしていいのでは。優しくされたいという気持ちは、自分のことを分かってほしいという欲求から出てくるものです。男としては、いつもおごっているのだから、たまにはそのお返しが欲しい、と思うのです。

男として頑張りすぎるのをやめてもいいよと、態度や言葉に出していいましょう。ドライブの途中で道に迷ったら「わたしが聞いてきてあげる」とクルマから降りて聞きにいきます。ずっと運転している彼へのねぎらいの意味もあります。すると彼はあなたに対してよりいっそう優しく振る舞うでしょう。

こんな風に優しくする、されるは、表裏一体となっています。どちらか一方が尽くすだけというのはよくありません。そういう関係は必ず破綻します。好きだから尽くしているように見えても、本心ではストレスをため込んでいる。それが人間というものです。

43 「若い女性が好き」なのは、男の絶対心理？

同じように可愛い三十歳と二十二歳の女性がいます。

男性はどちらの女性を選ぶでしょうか？　迷わず二十二歳の方を選びます。

男の年齢はこの際あまり関係ないでしょう。若い男もそうでない男も、二十二歳の女性の方を選びます。

「男ってバカね」

女性がそう言うのが聞こえてきそうです。

しかし、男はそんなにバカなのでしょうか？

僕は決してそうは思いません。

男は男なりに考えているからです。ただ若いからいいというのではありません。それなりの理由がちゃんとあります。若い子なら何でもいいと思っているわけではありません。

若い子でも頑固な性格の女性は選びません。

若い子でも高飛車な態度の女性は選びません。

若い子でも頭のよさを自認する子は選びません。

若い子でも暗い性格の子は選びません。

若い子でも素直でない子は選びません。

男性が若い女性を選びたがる最大の理由は、彼女がすれていないという一点なのです。真っ白なキャンバス。それを求めています。ほとんどの男性は女性を、自分色に染めたいと思っています。たとえそれが現実には無理だとしても。いや、若い男性はまだそのことに気づいていません。自分色に染まると思い込んでいます。それはそれで若い証拠です。

◇ただ年齢が若ければいいというワケでは……

自分色云々は別にして、自分の意見に耳を傾けてくれる女性を男性が求めているのは事実です。最初から「わたしはわたしなんだから、あなたの意見はわたしには関係ない」では、恋愛はスタートしません。彼の言うことは尊敬できると思ってくれるような女性でないと、つき合ってからうまくいきません。そこのところが、男にとっては大きな問題となります。考えが固まってしまった女性と恋愛しても、何も楽しくはないでしょう。このことは、男性の側にも言えます。相手の女性に影響されるから、恋愛していて楽しいのです。お互いに違う色を見せ合う。そこが恋愛の醍醐味だと言えるでしょう。

大半の男はいつまでも少年のような気持ちを持ち続けたいと思っています。ところが、相手の女性がすでに固定観念の持ち主だったらどうでしょうか？　少年みたいにいつも新鮮でいたいと思う男と、もうでき上がっている自分の考えを頑固に変えようとしない女。そんな二人がうまくいくでしょうか？　いくわけがありません。

とても悲しい（ばかりではありませんが）現実ですが、女性の方が男性よりも精神年齢が高いのです。それは男が年を取っても変わりません。男はまだまだ新しいことに挑戦しようとしているのに、女の方にはその気がない。これは中年カップルに限ったことではありません。実は若いカップルでも、女性の方が男性よりも先に落ち着いてしまうのです。だとしたら、なるべくまだ自分の意見を固めていない女性を男性が選ぼうとするのは、むしろ当然のことではないでしょうか。二十二歳と三十歳ならば、二十二歳の方を選ぶのは当たり前なのです。

男が若い女性を好むのは、すけべ心などという単純な理由からではないのです。男と女の年の取り方（もちろん精神的なという意味ですが）に違いがあるのが、その理由の一つです。どうしても女性の方が先に年を取ってしまう。それは神様がそうしたのかもしれないが、逃れられない現実なのです。そのぶん女性の方が男性よりも寿命が長いのです。このへんは公平にできていますが。

若い女性でも、先にあげたように、早く年を取っている人がいます。そんな女性とつき合う男性は不幸です。だから、男性は慎重になるしかないのです。その慎重さが男性に、精神的により若い（プラスの意味での）女性を選ばせるのです。ただ間違えてもらいたくないのは、幼い女性を男性が好むという意味ではないこと。社会的な常識や人間関係についての気配りを持っていて、ただ自分の意見とか生き方には必ずしも固執していない柔軟な女性を選ぶのです。そこのところは相手の男性の意見を聞ける女性。それが男が求める若い女性なのです。

44 ずばり、女性が思う「いい男」とは？

女性がどんな男性をいい男だと思うのか、男性はそれを一番知りたがっています。ところが、情報として伝わってくるいい男とは、あくまでもビジュアルに関してだけなのです。

そんなはずはないと思いつつも、一方では「やっぱり見た目なのか」とがっかりしている男も多いのでは。

確かに見た目優先の美形好きの女性もいる。しかし、そういう女性がほとんどではない。ほとんどだったら、大半の男たちは失望してしまう。女性にだって十人並みという言葉があるように、男もまあまあ普通の顔をしている男が大多数なのです。とびきり美形なんて少数派なのですから。

見た目ではない、いい男の条件。

それを男たちは知りたいのです。

それを知ったら、自分をそうなるように磨こうと思っています。

また、いい男が分かるためには、女性もいい女でなければならない。いい女つまり子供ではない大人の女という意味です。

中学生の女子が男性アイドルにきゃーきゃー言うのとは違う。そうではなく、男の内面までちゃんと理解して、「この人はいい男だ」と評価できることが大切です。

いい男が分かる女。

男が魅力的だと思う女とは、そういう女性のことです。

女がいい男だと思える男は、男から見てもいい男なのです。性別を越えた支持を受ける男、それこそが本当のいい男なのではないでしょうか。

◇「いい男」5つの具体例

いい男の具体例をとりあえず五つだけあげてみましょう。出世する男についての項目と合わせて読むと、望ましい男性像がよりはっきりするかもしれません。

①人間は孤独だと知っている男

いつも、誰かがそばにいないと駄目な男は、いい男失格です。そういう男性は誰かに依存しないと生きていけない。表情にもそれが出ます。なんとなくしまりのない顔をしています。たとえ女性に甘えても、それによって孤独でなくなるわけがないと分かっています。

②思い切りのいい男

思い切りとは、ためらわないことです。反対の例を出すと分かりやすいでしょう。思い切りの悪い人は、いったんは会社を辞めようと思っても、「でもいればいるだけ得るものがあるかも」と思って辞めない。それでいて、会社に文句ばかり言っている。辞めないなら辞めないで、文句は言うな。僕ならそう言ってやりたくなります。こういう男は大きなことができません。一生ちまちまと生きていきます。思い切りのいい男はこうと決めたら迷いません。女性の迷いをたった一言で解決します。また、決めたことに対しては全力を傾けます。潔いという意味と同じです。

③あきらめない男

何ごとに関しても簡単にあきらめない。自分が決めたことはとことんやり抜きます。

研究熱心で努力家。かなり強い意志の持ち主なのです。もちろん持続力もあります。また、同時に忍耐力もあって、いやなことがあってもやけになったりしない。つらい時期を耐え忍べる男です。よくない状況を一気にではなく、じっくり時間をかけてはね返せるだけの力を持っています。

④欲張らない男

あれも欲しいこれも欲しいというのは、幼稚な証拠。いい男の条件は一つのことに集中できること。仕事も愛情も一筋、それがいい男です。

⑤単純な男

いい意味での単純さのことです。理屈や能書きを言わずに、悲しいときには泣き、嬉しいことがあったら思い切り笑う。熱いときは熱く、冷静なときは冷静。そんな風に単純なのは、彼が素直だからです。ものごとをシンプルに考えられるので、女性に対して適切なアドバイスもできます。

シンプルなことばかりですが、いい男には⑤で説明したシンプルさが必要条件です。いい男とはシンプルな男のこと。そう言い切ってもいいほどです。

45 男が「なんとなくイヤな女」と感じるとき——それはなぜ？

女だから生意気だ、というのは男の僕からしても間違っています。今どき、そんな男尊女卑は時代遅れです。

ここで触れたい「生意気な女」というのはそれとは違います。

女だからではなくその女性に問題があるから、生意気なのです。

どんな女性を男性たちは生意気と思うのでしょうか？

高飛車な女性。人を見下す女性。自分は頭がいいと思っている女性。大体そのへんが生意気だと思われる理由です。まとめて言うと、自分が相手よりも優れているという点に尽きると思います。

問題なのは、その女性が裕福な家に生まれたことよりも、頭のよさを自負することにあると思います。お嬢さんであることを自慢するのは、まだ可愛い方です。それよりも、自分は頭がいいと思う方が問題です。

そういう女性は、実際にも多くいます。学校の成績がいい、高学歴であるなど、彼女は自分の頭のよさには、ちゃんとした根拠があると思っています。そこが実は問題なのですが。

僕が卒業した私立大学の文学部には、女子学生の数が多かった。彼女たちは皆、高校時代成績優秀だった。そして、大学の授業でも熱心にノートを取る。

それに比べ男子学生は他の学部を落ちて文学部に来た者が多かった。僕みたいに文学部だけを目指した男は例外中の例外。むしろ変わり者といってよかった。そして、試験が近づくと僕たち男子学生は女子学生のノートを借りた。現在の大学生がそうしているかどうか知らないけれど、今でもノートをよく取るのはきっと女子学生の方に違いない。

女子は真面目なのです。男子はノートを取るのが面倒くさいのです。それだけの違いです。だからって、女子が頭がいいことにはならない。つまり、頭のよさと成績はほとんど関係ない。大学などの入試に合格するのだって、頭がいい悪いではなく真面目に勉強するかどうかなのです。いくら頭がよくても勉強しなければ受からないのです。

◇周りから愛される「可愛い女」になる

学歴とか試験の成績のよさとかを、頭のよさと勘違いしている女性が多くいます。そういう女性は学校ばかりでなく、入社試験にも合格します。そしてまた、自分は頭がいいんだと自惚《うぬぼ》れてしまう。こうして根拠のない頭のよさが、彼女の心の中でどんどんふくらむ。

そういう女性に共通しているのは、真面目にくそがつくところです。くそ真面目なゆえに融通が利かない。自分がどんな立場にあるのかに鈍感です。そして、批評する能力だけは一人前なのです。彼女のような人には他人の気持ちが分からない。人情の機微を知らない。そんなものは学校では教えてくれないから。敬語もお勉強して覚えるけど、心がこもっていないから、ていねいな言葉を使っているにもかかわらず、相手を怒らせてしまうことがよくある。何ごとも教わらないと駄目だから、自分から工夫するという習慣がまったくない。その結果トラブルを起こしてしまう。

そんなこと教えなくても分かるだろうと言いたくなるようなことを、彼女のような人にはいちいち教えなくてはならない。教えられなければ理解できないのは、鈍感だからです。先輩や上司にとっては厄介《やっかい》者ですが、本人はわたしは優秀と思っているので始末が悪い。優秀だと思っているせいで、人の言うことを素直に聞けない。彼女のような人こそ、仕事上の技術を習得する前に人間についてのお勉強をもっとした方がいいでしょう。こういう人が、男が言うところの生意気女の典型です。

時には与えられた仕事をくだらないと思ったりもします。わたしはこんな仕事をするために会社に入ったわけではない。いつもそうした不満を抱えています。だったら会社を辞めればいいのにと思うのだが、本人はなかなか辞めようとはしない。そんな女性が僕は、だんだん可哀想になってきました。だって本人に残されたのは、プライドだけなのですから。それだけでは人間関係がますますうまくいかないでしょう。恋人だってできにくい。仕事だってうまくいかないはずです。

生意気女の反対が可愛い女性、感じのいい女性です。人から言われたことに素直で、人の気持ちを察することができる。いつも相手を気持ちよくさせるにはどうしたらいいのかを考えている。そして、自分の立場をちゃんとわきまえています。本当に賢い女性とはそういう人のことを言います。

46 女性特有の「あいまいなNO」の正体とは?

昔の言葉にこんなのがあります。
「いやよ、いやよ」も好きのうち。
いやだ、いやだと言っていても、それは本当にいやなのではない、という意味です。
今どきそんな風に言う女性はいるのか?
これがいるから驚きです。
そして、男性には本当にいやなのかそうでないのかが分かりにくいのも事実です。
「男が鈍感だからでしょう?」
と、女性は言うでしょうが、鈍感でなくてもそれは分かりにくいのです。
なぜならその「いや」にははっきりした拒絶の感じが込められていないからです。
特に問題になるのは、女性本人が本当にいやなのかどうか分からないケースです。
そして、後でもめるのです。男性は合意の上だと思っていたのに、後になってそうではないと女性から言われてしまう。裁判沙汰になることもあります。

僕には別に女性を責めるつもりはありませんが、女性が曖昧《あいまい》な態度でいるのにも、後で男性ともめる原因があります。そして、男性が女性は強引さに弱いと勘違いしているところにも原因があります。こういうのをどっちもどっちと言います。どちらか一方が悪いとは言い切れない。そういう意味です。

ここは一つ昔風の「いやよ」という言葉の使い方をやめるしかありません。女性の「いや」には「いや」以外の意味はない。そう男に分からせる必要があります。実際にもそうなりつつあると思いますが、まだまだはっきりしない女性がいるのも事実です。

こういうことははっきりした方がいい。僕はそう思います。男女双方にとって、曖昧にしているのはよくありません。昔みたいにこの「いやよ」は「好き」の意味で、この「いやよ」は「嫌い」の意味だという、暗黙の了解は現代では通用しません。言葉の微妙なニュアンス（特色）を理解できる人が少なくなっているからです。

イエスかノーか、どちらなのか見分けにくい表現は、女性たちは最初から使わないことです。男がどちらの「いや」なのだろうかと悩むような言い方は、必ず何かのトラブルを引き起こします。イエスはイエス、ノーはノー。そうはっきり言いましょう。自身を守るためにもそうすべきです。

◇「ノー」の言い方ひとつで大きな誤解が生じる

肯定なのか否定なのか分かりにくい「いや」という言葉を使う女性。彼女のキャラクター分析をしてみましょう。

彼女はまずとても保守的な人です。

恋愛に於いては女性が自分から好きと言ってはいけないと、彼女は思っています。女性は常に控えめでなければならない。

そんな風に考える彼女は、古風な女性なのです。

そこだけ取れば、今どき珍しい大和撫子《やまとなでしこ》として魅力たっぷりの女性だと言えます。

でも、彼女の奥ゆかしい態度は、言い換えると中途半端で曖昧ということになります。

自分のことを好きなのか嫌いなのか分からない。男性の側は、そう思うのです。

そして、男は自分に都合よく解釈します。この曖昧な態度は恥ずかしがっているからだろう。だから、こちらから強引に口説いてしまえばいいんだ、そう男に思わせるところがあります。

彼女のような女性には自分の意見がありません。あってもそれを口に出しません。ノーと言えない女性。それは決して素敵な女性とは言えません。大人しいとか控えめとかを美徳とする考えは、現代においてはむしろマイナス面の方が多いようです。

もちろん「いや」の言い方で、男性にそれがノーだと分からせるのはむずかしいことではありません。はっきりした口調で、そして毅然《きぜん》とした態度で、「いや」と言えば、どんな男性だってそれが否定だというのは分かります。そうした言い方をしないから、男が誤解するのです。

また、男性だって、いやなものはいやとはっきり言われた方がいい。そう言われて怒る男はそういません。「そうか、彼女は僕に興味がないんだ」と納得します。

そして、その女性のことを悪く思ったりもしません。

彼はもう別の女性に目を向けています。自分に関心のない女性を口説く時間は無駄でしかないと、彼は知っているからです。

47 ほとんどの女性が嬉しいと感じるプレゼントって何？

女性はどんなプレゼントを喜ぶのか？

男性はそれを知りたがっています。

女性一人一人によっても喜ぶ物が違うので、男性としては悩んでしまうのです。ブランドものが好きな女性もいれば、そうでない女性もいる。高いものを喜ぶ女性もいれば、そうでない女性もいる。また、プレゼントで贈る側のセンスが分かってしまうので、物選びには慎重にならざるをえない。

女心の微妙さは、男にとって一番むずかしいテーマなのです。

だからといって、女性に直接何が欲しいのかと聞くのも変かなと思う。

特にこれだけの情報が氾濫している現代では、ほとんどの人が物についての知識を持っています。そのぶん、ありきたりの物をもらっても、大して喜べないという現実があります。

プレゼントのコツは、いかにもその人らしい贈り物をあげることだと思います。それをもらう人にぴったりの物。そういう物を贈るのがベストです。

ということは、的はずれの贈り物をもらってしまう女性は、普段の自分のアピールが下手ということになります。

わたしはこういう女なのよ。

そこのところが、男性にちゃんと伝わっていない。だから、ピントのずれたプレゼントをもらってしまう。

そして、もらったからには嬉しいと言わなければならない。本当は自分に向いていない物でも。そして、嬉しいと言われた男性は、その言葉を本気に取ってしまう。自分らしい贈り物をもらえずにいる女性が実際には多いのです。

自分がつき合っている女性が何が欲しいのか分からない。

これが男たちの本音です。

いかに女性たちが自分自身を相手に見せていないかの証拠です。

最近の女性に多いのは、自分をさらけ出せないことです。警戒しているのか、自分を相手の男性に見せようとしないのです。

◇これが100％喜ばれるプレゼント！

はっきりした考えのある女性へのプレゼントは簡単です。仕事のキャリアを積むことを生き甲斐にしている女性なら、おしゃれなダイアリーを贈りたくなります。そこに彼女が仕事のスケジュールを書き込む姿がイメージできます。

スポーツクラブに通うのが習慣になっている女性なら、トレーニングウェアを贈ればいい。彼女がそれを着てストレッチをしているところが目に浮かびます。

本好きの彼女なら、たとえばアート関係の写真集をプレゼントします。写真集は高価な物が多く、なかなか自分で買うわけにはいきません。それなら自分が贈ってあげようという気持ちになります。

文房具好きの女性だったら、デザインの素敵なペーパーウエイトでも贈ります。それを彼女がデスクの上に置いているところを想像すると、贈ること自体が楽しくなります。

以上は、全部僕自身が女性に贈ったプレゼントの実例です。

こんな風に女性がそのプレゼントを使っているイメージが浮かぶことが大切です。ところが、相手があまり自分のことを言わない女性だと、男性としては無難なプレゼントを贈るしかありません。女性はかなり損をしている気がします。それはわたしのプライバシーなんだから言う必要はない。そんな態度でいれば何を贈っていいのか迷ってしまいます。

その反面、男にもいけないところがあって、とにかくブランド品を贈ればいいと思い込んでいるやつもいます。そういう男が贈ったプレゼントが、ブランド品買い取りショップの店頭に並ぶわけです。贈り物本来の意味など完全に無視された形で。

物があり余っている時代だからなおさら、男も女もプレゼントに関しては、お互いにもっと相手を理解しなければいけない。僕は真面目にそう思います。気持ちを贈るとよく言いますが、実際にその気持ちがどこまでこもっているのか非常に疑問です。

男はその女性の好きな物をちゃんと知ろうとしなければいけない。

女は自分がどんな女性かを男に教えなければいけない。

男女間のプレゼントがまるでお中元やお歳暮の贈答品みたいだとしたら、なんてつまらないことだろうか。あなたもそう思いませんか?

48 なぜ女性は〝同性の目〟をそれほど気にするのか？

僕の知り合いの若い男性がこんなことを言っていました。

「女の子は、一方ではセクシーな大人の女になりたいなんて言っておきながら、ミッキーマウスやキティちゃんのキャラクターを可愛いと言って喜ぶ。あれが僕には分からないんですよ」

なるほどもっともな話である。つまり彼が言いたいのは、女性はセクシーと可愛いのどちらを目指しているのかということ。実際にも、洋服やバッグに関して大人っぽいブランドに興味がある女性が、同時に子供っぽいキャラクターものにも関心がある。そこのところが男性には謎なのです。

男たちの気持ちの中では、大人っぽいものと子供っぽいものとが、はっきり区別されています。その二つが同時に好きというのは、男たちの場合にはありえないのです。

この話をもう少し発展させると、こういうことになります。ミニスカートをはいてる女性は、それをセクシーだと思っているのか可愛いと思っているのか？　そこのところが男には今ひとつ分かりにくいのです。

セクシーに見せるためにはいているのだと思って見たり近づいたりすると、女性からは「わたしはそんなつもりはない」という目つきをされます。じゃあ、何なんだ？と男としては聞きたくなります。女性の返事は決まっていて、「可愛いからはいてるのよ」です。

女心の微妙さと言ってしまえばいいのでしょうが、男はどうしても本当はどっちなんだと追及したくなります。女心を分かるのが男の役目なんだと言われても、納得いきません。

僕は女性たちの心理をこう解釈しています。

特に日本の女性たちは、いまだに自分をセクシーに見せることに抵抗があるようだ、と。

それは女性たちが同性の目を気にしすぎているからです。同性たちから変な風に思われはしないかと、心配する心理が働いています。同性からつまはじきにされるのを極端に恐れていると、男の僕の目からは見えてしまいます。

でも、いつまでもそれでは、主体性のない人間になるでしょう。わがままな女性、自己中心的な女性は結構いるのに、セクシーに関してはなぜか自己中心ではない、そのところが、僕には歯がゆくてたまりません。

◇ちょっとくらい〝自意識過剰〟のほうがいい

わたしは自分をセクシーに見せるためにミニスカートをはいている。

女性には、そう堂々と態度に出してほしい。

そのことをああだこうだと言う同性なんか、無視してほしい。人のことをそんな風に批判する女性は、自分にはそれができないから口惜しいのです。

もっとずばり言ってしまえば、男性の目を十分に意識して肌を露出しているんだと、自信を持って振る舞ってほしいのです。それを妙に恥ずかしがるから、かえってかっこ悪くなるのです。

この前も街でスリットが入ったスカートの女性を見ました。スリットはスカートのフロントに入っていました。彼女はそれを持っていたバッグで隠しながら連れの男性と会話しながら歩いていました。それこそ、大人の女という感じの人でした。僕は「そんなに恥ずかしいのなら、そのスカートをはかなければいいのに」と言いたくなりました。彼女の歩き方がとても不自然に見えたからです。スリットの入ったスカートでさっそうと歩いてほしかったのです。

本当はセクシーさを演出しているのに、可愛いからというような言い訳はしない方がいい。ましてや、大人の女なら、恥ずかしがらずに堂々と歩けばいい。男のためにはいてるのだとはっきり言えるような女性の方がかっこいい。僕は、いやほとんどの男性はそう思うでしょう。

もう一つ、流行だからという言い訳もあります。流行《はや》っているから、皆がやっているから、という言い訳です。その流行のテーマがセクシーさだと言うのを知らないのでしょうか？　もし知らないというのなら、とんでもないカマトトぶりと言えるでしょう。

僕は別に、可愛いキャラクターを否定するつもりはありません。そうではなくて、本来セクシーなものまで可愛いからと言い訳するずうずうしさがよくないと言っているのです。

49 女はどうして「ダメ男」に惹かれるのか？

僕みたいな常識的な男からすると、女性が駄目な男に惹《ひ》かれる理由がよく分からない。どうしてあんな男が好きなんだと、女性本人に聞きたいくらいです。そして、駄目男にもいろいろ種類があります。仕事をしない男、暴力的な男、女好きの男、弱気な男、マザコン男、ギャンブルにのめり込む男、酒癖の悪い男……。中でも僕が一番分からないのは、暴力男です。

いわゆるワルと呼ばれる男に弱い女性がいるのは確かです。僕なりにそうした女性の心理を説明してみましょう。

まず第一に、ワルは強い男である、という点があげられます。彼らは喧嘩《けんか》に強い。そして、強いオスをメスが求めるのは、ある意味では自然なことです。だから、暴力男にすっかりはまってしまう。

しかも、その暴力が女性本人以外に向けられているとき、女性はかなりのんきにしていられるのです。本来なら「それはよくないことだからやめたら」と男に言うべきなのですが、決してそうしようとはしません。言うのは恐いからだと言い訳しますが、本当はそうではなくその男の強さにすっかりまいっているのです。

しかし、いったんその暴力が自分に向けられると、女性は被害者となります。冷たいかもしれませんが、まあ、自分がまいた種だからと僕は思います。女性本人は、悪いのは男の方だと、自分がその男を選んだことなどすっかり忘れてしまいます。本当にその男を愛していたのなら、男に暴力をやめさせるのが自然だと思うのですが。

ここで言うところの強さは、外見的なものです。

それは芯の強さとは違います。

うわべの強さです。

芯の強さとは心の強さを言います。たとえば肉体的なハンディや持病があっても、それをはねのけて何かに挑戦する。そういうのが強さなのです。肉体的なハンディだけでなく、学歴のような環境的なハンディもあります。それらに負けない人が強い人なのです。

◇ここをチェック――「ダメ男」7カ条

先にあげた駄目男たちはすぐに分かるタイプの駄目男ですが、世の中には簡単には分からない駄目男たちもいます。そういう男たちを見抜くコツを伝授しましょう。ポイントはいくつかありますが、代表的なものを箇条書きにしてみましょう。

①駄目なときにやけになる。仕事がうまくいかないときでも冷静でいられるような男が素敵な男なのです。そういう人は一度失敗しても再び立ち上がります。

②人をバカにする。駄目な男はすぐに人をバカにします。自分よりも腕力の弱そうな男をバカにします。でも、その男の方が頭がよかったら、最終的には力関係は逆になるでしょう。頭のできが単純すぎるので、すぐに人をバカにする。そう思って間違いありません。

③潔いかどうか。これはとても大切なことです。駄目な男は潔くないのです。潔さとは、自分が悪かったら悪いと認める。自分が負けたなら負けを認める。そうい

う風にできない男は駄目な男です。

④口先だけの男は信用できない。なまじ知識のある男は、口が上手です。女性を言いくるめるぐらい、彼らにとっては簡単なことです。やたらに理屈っぽい男には注意しましょう。そういう男はいざというとき、なんの役にも立ちません。引っ越しのとき、重い荷物を持ち上げることすらできない。でも、口だけはすごい。この手の男にだまされる女性のいかに多いことか。

⑤ストレスをため込む。こういう男といたら、女性の方まで駄目になります。彼は女性を道連れにしようとしています。自分のストレスにつき合わせようとします。とんでもない男です。男運の悪い女性がよくこういう男につかまります。

⑥自分がいかにすごいかを力説する。本当にすごい男は、自分からすごさを説明したりしません。黙っていてもすごい男はすごいのです。いわゆる自慢たらたら男には要注意です。

⑦立場の弱い相手に威張りたがる。こういう男も多い。僕は飛行機の機内でスチュワーデスの女性に威張りちらしている男を見たことがあります。有名な政治評論家でした。なんとも不愉快な気分でした。

50 男も女も「甘えたがる」のはなぜ?

男性の本音としては女性に甘えたい。
でも、男は男らしくという、昔からの教えにしばられています。
男性が心配するのは、女性に甘えてバカにされないかということ。
あるいは、軽蔑されて嫌われやしないかということ。
男の警戒心はかなり強いと言えます。
特に女性が強くなったなどと言われると、その女性に対して甘えるのはどうも……
と考えてしまうのです。
つまり、
「何を甘えているの!」
と、女性に軽くあしらわれないかと心配なのです。
これが昔だったら、強がっていた男が親しくなったとたんに、急に態度を変えて甘えるようになった。それはそれでほほえましいとなるのですが、今の男たちは普段から優しい。いきなり甘え出すと、女性は面食らうのではないか、男性たちはそこを気にしているのです。男は男らしくという考えからしたら、どこにも男らしいところがないことになる。だから、軽蔑されやしないかと不安になるのです。

男も女も昔みたいに素直ではない。素朴でもない。情報がそうなりたくてもならせてくれない。情報によって人間にいろんな知恵がついているので、自分の感情をストレートに出せないのです。甘えたらマザコンだと思われないだろうか、というような心配があります。以前だってマザコンという言葉はあったにしても、それが情報として世の中に広められてはいなかった。だから、いちいち気にすることもなかった。

もう一つ情報化時代の問題があります。

それは人の気持ちについて、人々が鈍感になってきた事実です。

自分と直接関係のない情報は多すぎるほどあるのに、人の気持ちについての情報は何もない。こういうとき、人間はこう思う、それがまるでないのです。今まさに説明しようとしているのも、そうした人の気持ちについてなのです。

◇「頼りない男」と「甘える男」の違いについて

男女は親しくなればなるほど、お互い相手に甘えたくなるものです。

ところが、それが現代人は自然にできないのです。できない理由についてはすでに説明した通りで、情報が氾濫《はんらん》しているせいで余計なことを考えてしまうからです。考えなくてもいいようなことを考えてしまう。もともと二人の間でのことなんだから、お互いにいくら甘え合ってもいいはずなのに、こんな風にするのはおかしいのではないかと考えてしまう。知識がありすぎるゆえの悲劇だと僕は思います。

「男に甘えさせては駄目よ」

と、ある女性が言います。

すると、それを真に受ける女性たちが現れます。

そして、もとの人が言った意味とは違う解釈が広まってしまう。

この場合の「甘えさせては」の意味は、女性を頼るような男にしてはいけないということなのに、それをもっと小さな意味に解釈してしまう。その結果、二人でいるときに男性が甘えようとすると、それを拒むというようなおかしなことが起きるのです。

男性が甘えようとするとき、それは女性にすべてを許している証拠です。ありのままの自分を女性に見せようとしているのです。もちろんそこには信頼関係があるはずです。相手を信用しているからこそ、男性は女性に甘えられるのです。

男性に甘えられるのは、女性にとってとてもいいことです。

大いに喜んでいい。

それをマイナスだととらえるのは、余計な知識が頭にあるからです。そんな知識こそ本来いらないものです。人々が素直で、あるいは素朴でいられた時代には、そんなものはまったく必要なかったのです。

何度でもしつこく言いますが、人の気持ちを理解する能力が、現代人は低下しています。情報や知識ばかりが優先されて、人の気持ちが後回しにされる世の中にも問題があります。甘えるという人間にとって根源的で大切な感情が出しにくい状況は、決していいとは言えません。

女性は、自分に甘えてくる男性を大きな心で受け入れてあげましょう。自分が相手にそうしたいときもあるのですから。

本書は、本文庫のために書き下ろされたものです。

男《おとこ》が女《おんな》に、女《おんな》が男《おとこ》に聞《き》きたい50の質問《しつもん》

著者　赤羽建美（あかばね・たつみ）
発行者　押鐘冨士雄
発行所　株式会社三笠書房
〒112-0004 東京都文京区後楽1-4-14
電話　03-3814-1161（営業部）03-3814-1181（編集部）
振替　00130-8-22096　http://www.mikasashobo.co.jp
印刷　誠宏印刷
製本　宮田製本

ISBN4-8379-6316-1 C0136

定価・発行日はカバーに表示してあります。

王様文庫

本当の幸せに出会う
スピリチュアル処方箋
江原啓之

江原先生からあなたへのスピリチュアルなメッセージを凝縮！　本書の言葉ひとつひとつに先生の祈りが込められています。本当の幸せを手にするためのエッセンス。あなたにとって一番大切な何かがここに必ずあります。いつもそばに置きたい〝たましいのバイブル〟です。

「男」についての100の質問
松本一起

あなたの大切な人は、いまどんなことを考えている？――男の人の気持ちがつかめず、迷ったり、悩んだりしたときに、この本を開いてください。恋人、男友達、夫、同僚……あなたが知りたかったことも知りたくなかったことも、男性の「心理」と「本音」がすべて明らかになります！

大切な人の心を離さない
「かわいい女」63のルール
里中李生

なぜか気になる、会いたくなる、ほうっておけない……男は、あなたの〝ここ〟を見ています！
＊女から最初の連絡をしないと、恋は発展しない!?　＊男の「食事の誘い方」で見る目を養おう！
＊女友達から恋人に昇格したいと思ったら……女性が知っておきたい「男の本音」がわかる本。

K30019